Rolf Arnold,
Antonius Lipsmeier, Bernd Ott

Berufspädagogik kompakt

Prüfungsvorbereitung auf den Punkt gebracht

Cornelsen

Die Deutsche Bibliothek – CIP-Einheitsaufnahme

Arnold, Rolf:
Berufspädagogik kompakt: Prüfungsvorbereitung auf den
Punkt gebracht / Rolf Arnold; Antonius Lipsmeier; Bernd Ott –
1. Aufl., 1. Dr. – Berlin: Cornelsen, 1998
ISBN 3-464-49129-3

Verlagsredaktion: Ralf Boden
Layout und technische Umsetzung: Type Art, Grevenbroich

1. Auflage ✔ Druck 4 3 2 1 Jahr 01 2000 99 98

Druck: Druck-Centrum Fürst, Berlin

ISBN 3-464-49129-3

Bestellnummer 491293

gedruckt auf säurefreiem Papier, umweltschonend
hergestellt aus chlorfrei gebleichten Faserstoffen

Vorwort

Zielaspekt des vorliegenden Studienbuches ist es, in relativ leicht verständlicher, kompakter Form drei zentrale Lernfelder der Berufspädagogik in jeweils zwanzig Leitfragen zu bündeln:

- Theorie und Geschichte der beruflichen Bildung (Fragen Nr. 1 bis 20)
- Didaktik und Methodik der beruflichen Bildung (Fragen Nr. 21 bis 40)
- Politik, Recht und Organisation der beruflichen Bildung (Fragen Nr. 41 bis 60)

Das Studienbuch ist so strukturiert, dass jeweils auf der linken Buchseite eine Leitfrage als Überschrift steht, die im folgenden Text möglichst einfach beantwortet wird, ergänzt durch eine grafische Darstellung auf der rechten Buchseite. Nachgestellte Lernfragen dienen der eigenen Lernkontrolle und Selbstreflexion. Um dem Leser ein intensiveres Studium der äußerst kompakt gehaltenen Lerninhalte zu ermöglichen, sind zu jeder Leitfrage weiterführende Literaturhinweise angegeben.

Das Buch wendet sich an alle im Umfeld der „Berufspädagogik" Tätigen und damit insbesondere an

- Studierende und Studienreferendare für das Lehramt an berufsbildenden Schulen, die einerseits bereits zu Beginn ihres Studiums wissen wollen, mit welchen Lernfeldern sich die „Berufspädagogik" beschäftigt, und die andererseits am Ende ihres Studiums die Prüfungsvorbereitung zeitökonomisch auf den Punkt bringen wollen.
- Lehrer, Mentoren, Fachleiter und Seminarleiter, die anhand der vorliegenden Schwerpunktsetzungen für die eine oder andere Fragestellung (wieder neu) sensibilisiert werden,
- Planende und Verantwortliche in Verbänden, Behörden, Ausbildungsabteilungen, die eine knappe Zusammenfassung zum aktuellen Diskussionsstand suchen und nicht zuletzt an
- Ausbilder in der Praxis, die sich kurz und bündig über wesentliche Fragestellungen der Berufspädagogik informieren wollen.

Nicht alle Lerngebiete der Berufspädagogik sind in gleicher Weise geeignet, kompakt und in bildhafter Umsetzung dargestellt zu werden. Schon deshalb kann dieses Kompendium ein vertieftes Studium der Berufspädagogik nicht ersetzen, es soll aber dazu anregen und am Ende die Prüfungsvorbereitung erleichtern.

Dortmund, im Mai 1998

Die Autoren

Die Autoren

Prof. Dr. Rolf Arnold

Dipl.-Päd., Jahrgang 1952, nach Promotion an der Universität Heidelberg (1983) fünf Jahre in einer internationalen Erwachsenenbildungseinrichtung tätig, 1987 Habilitation an der Fern-Universität Hagen und seit 1990 Lehrstuhl für Pädagogik (insbesondere Berufs- und Erwachsenenpädagogik) an der Universität Kaiserslautern sowie Leiter des Zentrums für Fernstudien und Universitäre Weiterbildung (ZFUW). Seit 1984 zahlreiche Lehr- und Gutachterreisen in Entwicklungsländer, insbesondere in Lateinamerika (Thema: Entwicklung von Berufsbildungssystemen).

Prof. Dr. Antonius Lipsmeier

Jahrgang 1937, gelernter Maschinenschlosser und Gewerbelehrer (1. und 2. Staatsexamen), wiss. Assistent bzw. StR an berufspädagogischen Instituten (TH Darmstadt, TU Hannover); Promotion (1969) und Habilitation (1971) in Berufspädagogik an der TU Hannover; Mitglied in Hochschulplanungskommissionen (Gesamthochschule Kassel, Fernuniversität Hagen). Lehrstühle für Berufspädagogik an der Gesamthochschule Kassel (1972), Fernuniversität Hagen (Berufliche Weiterbildung, 1979) und Universität Karlsruhe (1988).
Arbeits- und Veröffentlichungsschwerpunkte: Didaktik der Berufsausbildung; Organisation des beruflichen Aus- und Weiterbildungswesens; Berufsschullehrerausbildung; Berufsausbildung in Entwicklungsländern.

Prof. Dr. Bernd Ott

Jahrgang 1949, Ingenieurstudium und Studium für das Lehramt an berufsbildenden Schulen. Promotion zum Dr. phil. an der Universität Kaiserslautern (1981). Zwanzig Jahre Schuldienst, Lehrerbildner und Referent in der beruflichen Aus- und Weiterbildung. 1993 Habilitation an der Universität Karlsruhe und (seit 1994) Professor für Berufspädagogik an dieser Universität. 1997 Berufung auf den Lehrstuhl „Technik und ihre Didaktik“ der Universität Dortmund.
Arbeitsschwerpunkte in Forschung und Lehre beziehen sich insbesondere auf technikdidaktische Lehr- und Lernforschung sowie ganzheitliche Berufsbildung und ganzheitliches Lernen.

Inhaltsverzeichnis

Theorie und Geschichte der beruflichen Bildung

Rolf Arnold

Didaktik und Methodik der beruflichen Bildung

Bernd Ott

21 Welches Bedeutungsspektrum umfasst „Didaktik“?

22 Welchen didaktischen Trend gibt es in der beruflichen Bildung?

23 Wie können Unterrichtsmethoden klassifiziert werden?

24 Welche Curriculumstrukturen gibt es in der beruflichen Bildung?

25 Was bedeutet ganzheitliche Berufsbildung?

26 Was bedeutet ganzheitliches Lernen?

27 Welche Lernziele verfolgt ganzheitliches Lernen?

28 Welches Lernplanungsmodell liegt dem ganzheitlichen Lernen zu Grunde?

29 Was bedeutet CUL – Computerunterstütztes Lernen?

30 Was bedeutet Problemlösungskompetenz?

31 Wie ist Handlungslernen strukturiert?

32 Welche Perspektiven kennzeichnen eine erweiterte Techniklehre?

33 Welche Strukturmerkmale kennzeichnen eine erweiterte Technikdidaktik?

34 Welche Unterrichtsverfahren sind für den handlungsorientierten Technikunterricht konstitutiv?

35 Wie ist der problemorientierte Technikunterricht konzipiert?

36 Auf welche Qualifikations- und Kompetenzstruktur zielt Arbeitslernen?

37 Wie wird handlungsorientierte Ausbildung organisiert?

38 Welche handlungsorientierten Ausbildungsmethoden gibt es?

39 Wie wird die „Vier-Stufen-Methode“ in der betrieblichen Ausbildung angewendet?

40 Wie wird die Leittext-Methode eingesetzt?

Politik, Recht und Organisation der beruflichen Bildung

Antonius Lipsmeier

41 Welche Einfluss- und Kompetenzstrukturen sind im Bildungswesen wirksam?

42 Nach welchen Prinzipien ist das Bildungswesen der BRD aufgebaut und wie ist es strukturiert?

43 Nach welchen Grundmustern kann die Sekundarstufe II organisiert werden?

44 Welche Idealtypen beruflicher Ausbildungssysteme lassen sich unterscheiden?

45 Welche Zusammenhänge gibt es zwischen Berufsausbildung und ökonomischer Situation (Wirtschaftssystem, Arbeitsmarkt)?

46 Welche gesellschaftlichen Kräfte und Mächte sind an den Entscheidungs- und Gestaltungsprozessen der beruflichen Bildung beteiligt?

47 Wie sind die Zuständigkeiten in der beruflichen Bildung geregelt?

48 Was wird durch das Berufsbildungsgesetz (BBiG) von 1969 geregelt?

49 Mit welchen Verfahren werden Ausbildungsordnungen erstellt und wie wird die Übereinstimmung zwischen den betrieblichen Ausbildungsordnungen und den schulischen Rahmenlehrplänen gesichert?

50 Welche organisatorischen und didaktischen Prinzipien liegen den Ausbildungsordnungen zu Grunde?

51 Wie haben sich die informelle und die rechtliche Konstituierung des dualen Systems entwickelt?

52 Wodurch wird die hohe Ausbildungsquote des dualen Systems (etwa 60 % eines Altersjahrsganges) beeinflusst?

53 Wer darf ausbilden, und was wird durch den Ausbildungsvertrag geregelt?

54 Wodurch wird die Verteilung der Auszubildenden auf die Ausbildungsbereiche und die Ausbildungsberufe gesteuert?

55 Gibt es zur dualen Berufsausbildung in der BRD Alternativen?

56 Wer finanziert die berufliche Aus- und Weiterbildung?

57 Wie ist die berufliche Weiterbildung geregelt und strukturiert?

58 Welche sozialen Faktoren bestimmen die Weiterbildungsteilnahme bzw. -abstinenz?

59 Welche Möglichkeiten gibt es zur Verbesserung der Berufsausbildung für Benachteiligte?

60 Von welchem Personal wird die berufliche Bildung gesteuert und durchgeführt?

1 In welchen Entwicklungsschritten verlief die Etablierung der beruflichen Bildung als gesellschaftliche Einrichtung?

Erst die Verkomplizierung der Überlieferung (etwa durch Anwachsen der Menge des Erfahrungswissens) sowie das Fragwürdigwerden überlieferter Normen bzw. das Aufkommen neuer Normen (Lebensweisen, Stile, Regelungen, Werkstoffe etc.) haben im Zuge der Arbeitsteilung sowohl zum Entstehen von „Berufen" (oder Spezialisierungen in der Bündelung von Qualifikationen) als auch zu Formalisierungsprozessen der Vermittlung der Qualifikationen geführt, sodass man von ersten Formen eines gesteuerten, intendierten Qualifizierungsprozesses („Berufsausbildung") sprechen kann. Als Formalisierungsstrategien sind zu nennen:

- **Personifizierung der Lehr-Lern-Beziehung:** Eine Person (Experte, Meister) ist für die Tradierung einer bestimmten Teilmenge gesellschaftlich notwendiger oder wünschenswerter Qualifikationen verantwortlich (Meisterlehre; Frühformen etwa 5.000–10.000 v. Chr.).
- **Didaktisierung:** Vereinfachung des „theoretischer" werdenden Wissens (bekannt aus der mittelalterl. Dombauhütte; wahrscheinl. aber schon im ägypt. Pyramidenbau 4.000 v. Chr.).
- **Methodisierung:** Bewusste Beeinflussung des Vermittlungsprozesses mit Medien, z. B. Modeln, Vorlagen (erstmals anzutreffen im Kunsthandwerk der Renaissance, wahrscheinlich aber schon im antiken Bauwesen: Vitruv).
- **Kanonisierung:** Festlegung der Inhalte der Berufsausbildung (z. B. Zunftordnungen seit dem 14. Jh.).

Eine weitere Phase ist durch Institutionalisierungs- und Stabilisierungsstrategien gekennzeichnet:

- **Separierung von Ausbildung und Produktion:** Aufkommen beruflich orientierter Schulen seit dem Mittelalter (z. B. Universitäten, Ritterakademien) bzw. im ausgehenden Mittelalter (Rechenschulen, Zeichenschulen).
- **Etablierung und Diversifizierung von Lernorten:** Neben den traditionellen Lernort Betrieb treten im Zuge der industriellen Revolution (beginnend ab 1750) mehr und mehr Spezialschulen: Bauschulen, Gewerbeschulen, Realschulen; im frühen 19. Jh. kommt die betriebliche Lehrwerkstatt hinzu.
- **Kodifizierung und Zertifizierung:** Im Gewerberecht des 19. Jahrhunderts mehr und mehr verankert, vor allem in der Gewerbeordnung des Norddeutschen Bundes (1869) bzw. der Reichsgewerbeordnung (1871), perfektioniert durch das BBiG von 1969.
- **Homogenisierung der verschiedenen Ausbildungsbereiche:** Nach Schaffung von Berufsbildern im industriellen Bereich (ab 1925) im NS-Staat verstärkt betrieben (bes. ab 1936) und mit dem BBiG allgemein gültiges Prinzip.
- **Professionalisierung des Ausbildungspersonals:** Für die schulische Berufsausbildung seit 1900 mehr und mehr betrieben, für das betriebliche Ausbildungspersonal eigentlich erst mit dem BBiG obligatorisch geworden.
- **Sozialisierung der Kosten:** Mit der Etablierung des dualen Systems (beginnend mit dem nach und nach obligatorisch werdenden Fortbildungsschulbesuch) beteiligt sich der Staat (Länder, Kommunen) mehr und mehr an den Kosten der Berufsausbildung.

Strategien der Formalisierung, Institutionalisierung und Deregulierung in der Berufsbildung

Formalisierungsstrategien:

Personifizierung	der Lehr-Lern-Beziehung: Meisterlehre
Didaktisierung	(z. B. didaktische Reduktion)
Methodisierung	(z. B. Imitatio-Prinzip, Vorlagenwesen, Modelle)
Kanonisierung	(Normierung der Inhalte)

Institutionalisierungs- und Stabilisierungsstrategien:

Separierung	von Ausbildung und Produktion (Verschulung)
Etablierung	und Diversifizierung von Lernorten
Kodifizierung	(Verrechtlichung) und Zertifizierung
Homogenisierung	in verschiedenen Bereichen der Berufsbildung
Professionalisierung	des Ausbildungspersonals
Sozialisierung	der Kosten (Beteiligung von Betrieben, Kommunen, Staat)

Deregulierungsstrategien:

Individualisierung	des Lernens (Medien, Lernorte, Methoden, Inhalte)
Liberalisierung	von Formalisierung und Institutionalisierung
Dezentralisierung	des Lernens/der Lernorte
Reintegration	von Lernen und Arbeiten
Reduzierung	der Bedeutung von Erstausbildung zu Gunsten der Weiterbildung/ lebenslanges Lernen

Lernfragen:

1. Ist die Geschichte der Berufsausbildung stärker von wirtschaftlichen Interessen und technischen Entwicklungen oder von staatlichen/gesellschaftlichen Interessen geprägt und an welchen Merkmalen wäre das jeweils festzumachen?
2. Warum beteiligt sich der Staat an der Finanzierung der Kosten der Berufsausbildung, wenn der Nutzen der privaten Wirtschaft zufällt?

Literaturhinweise:

BLANKERTZ, H.: Bildung im Zeitalter der großen Industrie. Pädagogik, Schule und Berufsbildung im 19. Jahrhundert. Hannover 1969.

KÜHNE, A.: Entwicklungsstufen der Berufserziehung in Deutschland. In: Handbuch für das Berufs- und Fachschulwesen. Hrsg. von A. Kühne. Leipzig o. J. (1923), S. 1–23.

LIPSMEIER, A.: Technik und Schule. Die Ausformung des Berufsschulcurriculums unter dem Einfluss der Technik als Geschichte des Unterrichts im technischen Zeichnen. Wiesbaden 1971.

STRATMANN, K.: Die Krise der Berufserziehung im 18. Jahrhundert als Ursprungsfeld pädagogischen Denkens. Ratingen 1967.

VAN DER VEN, F.: Sozialgeschichte der Arbeit. 3 Bde. München 1971.

2 Auf welchen historischen Wurzeln sowie geistesgeschichtlichen und gesellschaftlichen Voraussetzungen fußt das Konzept der Berufsausbildung in Deutschland?

Die historischen Wurzeln der Berufsausbildung in Deutschland reichen einerseits bis in das Mittelalter zurück (Meisterlehre, Dreigliedrigkeit: Lehrling-Geselle-Meister, Zunftwesen), zum anderen datieren die wesentlichen Entwicklungsimpulse aus der Phase der Industrialisierung und des gesellschaftlichen Aufstiegs des Bürgertums. Die ersten Ansätze einer dualen Ausbildung sind deshalb mit dem „Ende ständisch normierter Berufserziehung“ (Stratmann/Schlösser 1990, S. 17 ff.), d. h. einer Berufsbildung, die mit Imitationslernen auskam und sich im städtischen Zunftgefüge vollzog, eng verbunden. Betrachtet man die historische Entwicklung, so zeigt sich, dass parallel zur Entstehung der bürgerlichen Wirtschaftsgesellschaft der „Bedarf“ an schulisch-theoretischer Bildung zunahm. Qualitäts- und Produktivitätsstandards konnten im Wettbewerb der sich vorbereitenden Industriegesellschaft („Erhöhung der Gewerbstüchtigkeit“) nur erreicht werden, wenn sich die Vorbildung der Fachkräfte und ihre technologischen Kenntnisse verbessern ließen. So erklärt sich die Tatsache, dass dem Niedergang der Handwerkslehre im 18. Jahrhundert eine Gründungsphase berufsbildender Schulen folgt.

Ein weiteres kulturtypisches Ordnungsmuster, auf dem die deutsche Berufsausbildung bis zum heutigen Tage „fußt“, ist das **Berufsprinzip**. Der Beruf bzw. die berufliche Position bestimmen sowohl den Lebenslauf als auch die gesellschaftliche Position des Einzelnen in einem auch heute noch nicht zu unterschätzenden Maße. „Beruflichkeit“ stellt in unserer Gesellschaft nicht nur ein wirtschaftliches, sondern auch ein gesellschaftliches Ordnungsmuster dar. Zwar ist der „Lebensberuf“ heute bereits weitgehend obsolet geworden und auch der Blick auf andere Länder (z. B. Japan) relativiert die Allgemeingültigkeit des Berufsprinzips, doch kann in dem „Fachmenschentum“ (Max Weber) und im Fortwirken der ursprünglich religiös inspirierten Vorstellung beruflichen Erfolges (Prädestinationslehre des Protestantismus) auch heute noch eine wesentliche kulturelle Verankerung des deutschen Modells der Berufsausbildung gesehen werden.

Lernfragen:

1. Welche Auswirkungen hatte der Niedergang des Handwerks für die Berufsausbildung?
2. Welche Bedeutung hatte der Wandel zur bürgerlichen Wirtschaftsgesellschaft für die Berufsausbildung?
3. Was spricht für, was gegen die fortdauernde gesellschaftliche Bedeutung des Berufsprinzips?

Daten aus der sozial-ökonomischen Entwicklung	
16.–18. Jh.	Entstehung der bürgerlichen Wirtschaftsgesellschaft: Verlag und Manufaktur im Rahmen des Merkantilismus
18. Jh.	Niedergang des Handwerks
1731	Reichsgewerbeordnung (staatliche Kontrolle des Handwerks)
1750 ff.	Aufklärung: Grundlegung des Liberalismus und der Industrialisierung
1760 ff.	Vorbereitung der industriellen Revolution in England
1784	Erste Spinnmaschine in Deutschland; Kants Definition von „Aufklärung“
1789	Französische Revolution
1806	Zusammenbruch des preußischen Staates und Beginn einer bürgerlichen Reformphase
1810/11	Gewerbefreiheit in Preußen: Ende der handwerklichen (Zunft-)Verfassung als Hauptform der Produktion, Anfänge des ökonomischen Liberalismus
1815–1848	Vormärz: Kampf des deutschen Bürgertums um Einheit und Freiheit
1834	Deutscher Zollverein: Aufschwung der Industrialisierung; Beginn der industriellen Revolution
1869	Gewerbeordnung für den Norddeutschen Bund (ab 1871 Reichsgewerbeordnung): Beseitigung des Befähigungsnachweises
1875	Gründung der SPD
1878–1890	Sozialistengesetz
1890 ff.	Handwerkerbewegung
1897	„Handwerkernovelle“ zur Gewerbeordnung: Einführung von Handwerkskammern und Gesellen- und Meisterprüfungen
1908	Kleiner Befähigungsnachweis: Ausbildung von Lehrlingen nur durch geprüfte Meister

Daten aus der Entwicklung der Berufsbildung	
1619 ff.	Elementarschulpflicht in Hessen-Darmstadt, Sachsen-Gotha (1642) und Preußen (1717)
1650 ff.	Einführung der kirchlichen Sonntagsschule in deutschen Staaten
18. Jh.:	Niedergang der handwerklichen Meisterlehre
1747	Einrichtung der mathemat.-ökonom. Realschule in Berlin durch Hecker
1768	Einrichtung der Handelsakademie in Hamburg (Leiter: Büsch)
1770 ff.	Aufklärungspädagogik: Beginn der industriegesellschaftlichen Berufserziehung („Industriosität“)
1774	Basedows Philanthropinum (Dessau)
1785	Sextro: „Über die Bildung der Jugend zur Industrie“
1790 ff.	Einrichtung von „Gewerbeschulen“ in einigen Städten; Gründung der École Polytechnique in Paris
1800 ff.	Bildungsidealismus: Protest gegen die Aufklärungspädagogik
1810	Gründung der Universität Berlin
1825 ff.	Gründung von Sonntagsgewerbeschulen in Baden-Württemberg
1833	Mehrstufiges technisches Schulwesen in Bayern
1834 ff.	Gewerbelehrerausbildung an der Polytechnischen Schule in Karlsruhe
1863 ff.	Entstehung gewerblicher Fortbildungsschulen in Preußen
1873 ff.	Fortbildungsschulpflicht in einigen dt. Staaten; Gründungswelle sog. „allgemeiner“ Fortbildungsschulen
1878–1939	Entstehung eines Systems betrieblich-schulischer Arbeiterausbildung
1890 ff.	Beginn industriebetrieblicher Ausbildung (Lehrwerkstatt)
1899	IV. Fortbildungsschultag: Fortbildungsschule als „Berufsschule“
1900	G. Kerschensteiner: Beruflich organisierte Fortbildungsschule in München

(nach: Georg/Kunze 1981, S. 175 ff. und Greinert 1993)

Literaturhinweise:

GEORG, W./ KUNZE, A.: Sozialgeschichte der Berufserziehung. Eine Einführung. München 1981.

GREINERT, W.-D.: Das „deutsche System“ der Berufsausbildung. Geschichte, Organisation, Perspektiven. Baden-Baden 1993.

LIPSMEIER, A.: Technik und Schule. Die Ausformung des Berufsschulcurriculums unter dem Einfluss der Technik als Geschichte des Unterrichts im Technischen Zeichnen. Wiesbaden 1971.

STRATMANN, K./ SCHLÖSSER, M.: Das Duale System der Berufsbildung. Eine historische Analyse seiner Reformdebatten. Frankfurt 1990.

3 Was sind und wie entstehen Berufe?

Berufe sind – folgt man der klassischen Definition von Max Weber – gekennzeichnet durch „jene Spezifizierung, Spezialisierung und Kombination von Leistungen einer Person, welche für sie die Grundlage einer kontinuierlichen Versorgungs- und Erwerbschance ist".

Berufe sind Ausdruck und Ergebnis der gesellschaftlichen Arbeitsteilung. Als solche haben sie sich historisch aus der frühen „Trennung von Leistung und Gegenleistung" in der Familie, über das feudale Machtmodell der Leistungsverpflichtung (Gliederung in „Stände") hin zum Modell des Warentauschs, d. h. des „Verkaufs" der Arbeitskraft am Arbeitsmarkt entwickelt. Wesentlich ist das Ergebnis der neueren Berufssoziologie, dass Berufsstrukturen nicht einfach „zwangsläufiger" Ausdruck technisch-funktioneller Notwendigkeiten sind:

„Der Antrieb zur Entstehung und Konstruktion von Berufen liegt weniger im ebenfalls gegebenen Bemühen um verbesserte Problemlösung, sondern primär im Interesse an Konkurrenzvermeidung und Sicherung von Erwerbsgelegenheiten (die mit verbesserter Problemlösung zusammenfallen kann, aber nicht muss)" (Beck u. a. 1980, S. 41).

Gleichwohl lässt sich die Entwicklung der Berufe auch von der Entwicklung des Problemlösungspotenzials spezialisierter Arbeitstätigkeit her nachzeichnen, wobei der Gebrauch des Werkzeuges bzw. der Technik sich als eine grundlegende Veränderungsdimension erweist, wie u. a. der innige Zusammenhang zwischen technischen Erfindungen und dem Auftreten eines Berufes verdeutlicht.

Einer differenzierten Analyse der gesellschaftlichen Funktionen kann nicht verborgen bleiben, dass einige der klassischen Funktionen, die der Beruf für den Einzelnen und für die Gesellschaft erfüllt, mit der zunehmenden Verbreitung neuer Arbeitsformen und im Zusammenhang mit den Auflösungs- und Individualisierungsprozessen der Moderne sich grundlegend wandeln oder gar verschwinden. In der berufspädagogischen Diskussion werden diese Tendenzen unter den Begriffen der „Entberuflichung" und „Neue Beruflichkeit" kontrovers diskutiert.

Lernfragen:

1. Welche Berufsbildung korrespondiert mit den fünf Stufen der Entwicklung von Arbeit und Berufen?
2. Welche Funktionen erfüllt der Beruf für den Einzelnen und welche für die Gesellschaft?
3. Welche Berufsfunktionen sind heute problematisch geworden? Welche anderen gesellschaftlichen „Institutionen" erfüllen heute diese Funktion?

Literaturhinweise:

BECK, U./ BRATER, M./ DAHEIM, H.: Soziologie der Arbeit und der Berufe. Reinbek 1980.

DAUENHAUER, E.: Der Berufskundeunterricht. Rinteln 1978.

LIPSMEIER, A.: Didaktik der Berufsausbildung. München 1978.

WITTWER, W.: Die Veränderungen der Arbeits- und Berufslandschaft. Perspektiven zu Arbeit und Qualifikation von morgen. In: ders. (Hrsg.): Annäherungen an die Zukunft. Zur Entwicklung von Arbeit, Beruf und Bildung. Weinheim und Basel 1990, S. 35–86.

Wie entstehen Berufe?

Im Zuge der Arbeitsteilung spezialisierten sich einzelne Menschen oder Gruppen auf bestimmte Tätigkeiten, wodurch mit der Zeit Berufe entstanden. Diese Spezialisierung fand auch in der Nutzung spezialisierter Werkzeuge und ständig neuer Techniken ihren Ausdruck. Man kann grob fünf Stufen dieser Entwicklung der Arbeit und der Berufe unterscheiden:

1. Stufe: die Arbeit ohne Werkzeug
2. Stufe: die Arbeit mit Werkzeug
3. Stufe: die Arbeit mit Werkzeug mit Handbetrieb
4. Stufe: die Arbeit mit Maschine(n)
5. Stufe: die Arbeit an Computern

Die Entwicklung der Arbeitsteilung und der Berufe ist somit unmittelbar von der technischen Entwicklung abhängig. Dies zeigt auch ein Vergleich zwischen dem Zeitpunkt technischer Erfindungen und dem Auftreten des entsprechenden Berufes:

Berufsbezeichnung	Jahr der Erfindung	Auftreten des Berufes	Zeitdifferenz
1. Fotograf	1840	1860	20
2. Lokomotivführer	1828	1840	12
3. Elektromaschinenbauer	1867	1880	13
4. Elektrowickler	1867	1885	18
5. Starkstrommonteur	1867	1890	23
6. Elektroinstallateur	1867	1890	23
7. Fernmeldemonteur	1877	1890	13
8. Kfz-Mechaniker	1894	1900	6
9. Kfz-Elektriker	1894	1910	16
10. Beton- und Stahlbetonbauer	1902	1910	8
11. Flugzeugführer	1908	1910	2
12. Rundfunkmechaniker	1921	1925	4
13. Fensehmechaniker	1936	1950	14
14. Programmierer	1951	1955	4

(nach: Dauenhauer 1978, S.47)

Welche Funktionen erfüllt der Beruf?

1. Erwerbsfunktion: Berufliche Tätigkeit ist in der Regel auf materiellen Erwerb gerichtet, um mindestens sich selbst versorgen zu können.

2. Sozialisationsfunktion: Diese Funktion bezieht sich auf den Beitrag der Ausübung (auch Erlernung) eines Berufes zur Einführung eines Menschen in Gesellschaft und Kultur.

3. Ganzheitlichkeitsaspekt: Gemeint ist der Aspekt von Ganzheit und Ganzheitlichkeit sowohl des Werkstückes, das im Rahmen der Berufstätigkeit hergestellt wird, als auch des Arbeitsprozesses, in dem das geschieht.

4. Kontinuitätsaspekt: Ausübung einer Tätigkeit wird nur dann als Beruf angesehen, wenn diese Tätigkeit von längerer Dauer, ja bei manchen Berufsideen gar von Lebenslänglichkeit ist.

5. Erbauungsfunktion: Ausübung der beruflichen Tätigkeit soll einen Beitrag zur Erbauung und Bildung des Menschen leisten: Voraussetzung ist: innerliche Bejahung, Freiwilligkeit; Ergebnis: Berufsethos, d. h. Sittlichkeit im Beruf und durch den Beruf.

6. Qualifikationsaspekt: Als Bedingung für die Ausübung eines Berufes wird der Erwerb und Besitz von Qualifikationen (Fertigkeiten, Kenntnissen, Haltungen) angesehen.

7. Allokationsfunktion: Diese Funktion bezieht sich darauf, dass der Beruf hilft, Arbeitskräfte mit bestimmten Qualifikationen auf die richtigen Positionen des Arbeitsmarktes zu verteilen.

8. Selektionsfunktion: Zuweisung von beruflichen und gesellschaftlichen Positionen nach Tüchtigkeit, Leistung und Begabung.

(nach: Lipsmeier 1978, S. 14 f.)

4 Welche Reformansätze zur beruflichen Bildung wurden seit den 60er-Jahren gefordert und was ist aus ihnen geworden?

Die Berufsbildungspolitik der Nachkriegszeit entfaltete ihre wesentliche Dynamik ab der Mitte der 60er-Jahre. So legte der Deutsche Ausschuss für das Erziehungs- und Bildungswesen grundlegende Empfehlungen zur Gestaltung der berufsvorbereitenden und der berufsbildenden Abschnitte des Bildungssystems vor. Ausgelöst durch die Artikelserie von G. Picht („Die deutsche Bildungskatastrophe") wurde verstärkt die Frage diskutiert, ob das Bildungssystem geeignet sei, die sich abzeichnende „technologische Lücke" zwischen den USA und Europa zu überwinden.

Wesentliche Grundlagen für eine systematische Berufsbildungspolitik wurden in der Bundesrepublik Deutschland Ende der 60er- und Anfang der 70er-Jahre geschaffen. Zu erwähnen sind der Erlass des Berufsbildungsgesetzes (1969), der „Strukturplan für das Bildungswesen" (1970) und die „Empfehlungen des Deutschen Bildungsrates zur Verbesserung der Lehrlingsausbildung" (1969): Während das Berufsbildungsgesetz insbesondere die rechtlichen Grundlagen für eine bundeseinheitliche Ordnung der Ausbildung kodifizierte, definierte der „Strukturplan" die Leitprinzipien für die Gestaltung des Bildungswesens. In den „Empfehlungen zur Verbesserung der Lehrlingsausbildung" markierte der Bildungsrat als Zielsetzungen für den Berufsbildungsbereich:

„(1) Chancengleichheit im Zugang zu den Ausbildungsstätten und Bildungsinstitutionen des beruflichen Bildungswesens.
(2) Erreichen einer beruflichen Qualifikation für alle Lehrlinge; dafür sind Mindestnormen anzusetzen.
(3) Kritisches Verständnis des arbeitenden Menschen für technische, wirtschaftliche und soziale Prozesse im Betrieb sowie bewusste Mitwirkung an diesen Prozessen.
(4) Anpassungsfähigkeit der Arbeitskräfte an eine sich wandelnde Wirtschaft und Gesellschaft (Mobilität).
(5) Durchlässigkeit innerhalb des algemeinen und beruflichen Bildungssystems sowie zwischen den beiden Bereichen.
(6) Flexibilität des Ausbildungssystems sowohl im Hinblick auf die Entwicklung des Jugendlichen als auch auf Wirtschafts- und Gesellschaftsveränderungen.
(7) Angemessene Beteiligung aller betroffenen und kompetenten Personenkreise an der Regelung der Ausbildungsverhältnisse."

Aus diesen Zielsetzungen leiteten sich viele Reformmaßnahmen der folgenden Jahre her. Ab Mitte der 70er-Jahre erlahmte die Reformeuphorie und wich einer pragmatischen Orientierung. Einen neuen „Schub" bekam die Berufsbildungsentwicklung in den 80er-Jahren durch die auf eine erweiterte Qualifizierung gerichtete Neuordnung von Ausbildungsberufen und die Herausforderungen der deutschen Vereinigung.

Literaturhinweise:

GREINERT, W.-D.: Das duale System der Berufsausbildung in der Bundesrepublik Deutschland. Struktur und Funktion. Eschborn 1992.

SCHELTEN, A.: Einführung in die Berufspädagogik. 2. Auflage. Stuttgart 1994.

WITTWER, W.: Die ungleichen Partner. Berufsbildung in der Bundesrepublik. Strukturen, Probleme, Perspektiven. Weinheim und Basel 1986.

Entwicklung der Berufsbildungsreformdiskussion

Anfänge einer systematischen Bildungspolitik 1960 – 1968

1964 • Empfehlungen des Deutschen Ausschusses: Hauptschule, Arbeitslehre, berufliches Ausbildungs- und Schulwesen (erstmaliges Auftauchen des Begriffs „Duales System")
1964/65 • „Die deutsche Bildungskatastrophe" (G. Picht) und „Bildung ist Bürgerrecht" (R. Dahrendorf)

Programmatische bzw. Aufbruchphase 1968 – 1973

1968 • Ende der alten Gewerbelehrerbildung
• Gründung der Fachoberschule und der Fachhochschule
• Stufenausbildung: Erhöhte Flexibilität und Mobilität
• Blockunterricht
1969 • Deutscher Bildungsrat: Empfehlungen zur Verbesserung der Lehrlingsausbildung
• Erlass des Berufsbildungsgesetzes und des Arbeitsförderungsgesetzes
1970 • Strukturplan für das Bildungswesen
• Aktionsprogramm „Berufliche Bildung"
1972 • Ausbildereignungsverordnungen
1973 • Bildungsgesamtplan
• Markierungspunkte

Pragmatische Berufsbildungspolitik ab 1975

1975 • Scheitern des neuen Berufsbildungsgesetzes
• quantitative Probleme („Ausbildungsplatzmangel")
• Ausbau überbetrieblicher Ausbildungsstätten
1976 • Ausbildungsplatzförderungsgesetz (1976 – 1981),
• Folgegesetz: Berufsbildungsförderungsgesetz (1981)
• Konzentration auf besondere Gruppen (Mädchen, Ausländer, Jugendl. ohne Ausbildungsvertrag)

Neuordnungsphase ab 1980

• abnehmende quantitative Probleme
1985 • Änderung der Ausbildereignungsverordnung (Verlängerung der Übergangsfrist) und Neuregelung des Jugendarbeitsschutzgesetzes (Lockerung der Ausbildungsvorschriften)
• technischer Wandel und Berufsbildung
  – Neuordnung Metall- und Elektroberufe (1987)
  – Nachqualifizierung Berufsschullehrer
  – wachsende Bedeutung der Weiterbildung (insbes. Anpassungsfortbildung)
  – Forderung nach Dualisierung der Anpassungsfortbildung

Strukturwandel des Berufsbildungssystems ab 1990

• Transformation der Berufsbildung in den neuen Bundesländern
• Europäisierung der Berufsbildungspolitik
• Schaffung von Regelungen für ein staatlich kontrolliertes Marktmodell der Weiterbildung (Weiterbildungsgesetz, Qualitätssicherung)
1991 • Rahmenvereinbarung der Kultusministerkonferenz
1996 ff. • Rückgang der Zahl der Ausbildungsstellen

(nach: Schelten 1994, S. 117 ff.; Wittwer 1986, S.130 f.)

Lernfragen:

1. Welche wirtschaftlichen und politischen Hintergründe beeinflussten die einzelnen Phasen der Berufbildungspolitik?
2. Welche Maßnahmen dienten der Realisierung welcher Zielsetzungen des Bildungsrates?
3. Welche Zielsetzungen des Bildungsrates sind auch heute noch weitgehend uneingelöst?

5 Welche inhaltlichen, didaktischen und gesellschaftlichen Gegensätze sind in dem Spannungsverhältnis von Allgemeinbildung und Berufsbildung angelegt?

Die Spannung zwischen der Allgemeinbildung und der Berufsbildung entstammt schul- und bildungspolitischen Festlegungen, die am deutlichsten von W. v. Humboldt mit der Entscheidung zum Ausdruck gebracht wurde, die *„Spezial-Schulen für Handwerker, Kaufleute, Künstler u. s. f. überall dem allgemeinen Unterricht nachfolgen“* zu lassen und sich davor zu hüten, *„die Berufsbildung mit der allgemeinen zu vermischen“*. Berühmt geworden ist seine Formulierung: *„Was das Bedürfnis des Lebens oder eines Einzelnen seiner Gewerbe erheischt, muss abgesondert und nach vollendetem allgemeinem Unterricht erworben werden. Wird beides vermischt, so wird Bildung unrein, und man erhält weder vollständige Menschen noch vollständige Bürger einzelner Klassen.“*

Diese **Humboldtsche Ausschlussthese** wirkt sich auch heute noch in folgenden Dimensionen aus:

- So ist die Definition von „Allgemeinbildung“ inhaltlich eher auf eine für alle Menschen grundlegend-orientierende, „zweckfreie“ und allgemein zugängliche Bildung bezogen, während „Berufsbildung“ eher mit Spezialisierung und Beschränkung auf externe Zwecke in Verbindung gebracht wird. Eine stärker systematische Betrachtung differenziert bei der „Allgemeinbildung“ zwischen materialer Bildung (Wissensaneignung), formaler Bildung (Kräfteentwicklung) und kategorialer Bildung (wechselseitige Erschließung von Sache und Person).
- Neben der Auschlussthese wird zunehmend auch eine **Integrationsthese** vertreten, die darauf verweist, dass auch zweckorientiertes Lernen die Persönlichkeit des Individuums entwickeln kann, wenn dieses Lernen in selbstorganisierten und lebendigen Lernformen geschieht. Dadurch trägt die Integrationsthese der aktuellen Notwendigkeit Rechnung, dass Berufsbildung heute auch Persönlichkeitsbildung sein muss. Nicht zu übersehen sind die didaktischen Gegensätze, die sich zwischen zahlreichen traditionellen Allgemeinbildungseinrichtungen und der neueren Berufsbildung „auftun“.
- Schließlich erfüllen Allgemeinbildung und Berufsbildung unterschiedliche Funktionen bezüglich der Verteilung von Lebenschancen und gesellschaftlichem Status, was einmal in die Formel gefasst wurde: *„Berufsbildung ist die Allgemeinbildung der Beherrschten und Allgemeinbildung ist die Berufsbildung der Herrschenden.“*

Lernfragen:

1. Welche historischen Prozesse haben den inhaltlichen Gegensatz von Allgemein- und Berufsbildung begünstigt?
2. Welche Argumente der Berufsbildungsdebatte sprechen für die Ausgrenzungs-, welche für die Integrationsthese?
3. Was könnte getan werden, damit auch die Berufsbildung in stärkerem Maße gesellschaftlichen Aufstieg ermöglicht?

Die Erblast: Das (Miss-)Verhältnis von Allgemeinbildung und Berufsbildung

	Allgemeinbildung	Berufsbildung
Definition	– die gesamte Bildung („Enzyklopädismus") – die für alle Menschen gleiche Bildung (Bildung der „Allgemeinheit") – die in einem Kulturkreis notwendige Bildung („allgemeine Kulturteilhabe") – die für Weltverstehen und kritisch-kompetentes Handeln notwendige Basisausstattung („allgemeine Grundbildung")	– die eher auf spezielle Handlungs- bzw. Qualifikationsanforderungen gerichtete Ausbildung beruflicher Kenntnisse, Fähigkeiten und Fertigkeiten – die für kompetentes sowie partizipierend-gestaltendes Berufshandeln notwendige Qualifizierung – die umfassende Förderung und Entwicklung der beruflichen Handlungskompetenz (Fach-, Methoden- und Sozialkompetenz)
Inhaltliche Gegensätze	– stärker „zweckfreie" Bildung – *materiale Bildung:* Bildung ist Aneignung von Wissen – *formale Bildung:* es gibt besonders geeignete Inhalte (z. B. „klassische"), bei deren Aneignung sich auch die „Kräfte der Persönlichkeit" (Humboldt) entfalten – *kategoriale Bildung:* Erschließen der „Sachen" für die Menschen und Erschließen der Menschen für die „Sachen"	– i. d. R. stärker verwendungsorientierte Bildung – *Ausgrenzungsthese:* Bildung, die in erster Linie einem „äußeren" Zweck dient, kann nicht gleichzeitig der Persönlichkeitsentwicklung dienen – *Integrationsthese:* Auch zweckorientiertes Lernen kann die Persönlichkeit entwickeln, wenn es in selbst organisierten und lebendigen Lernformen geschieht. Damit trägt Berufsbildung der aktuellen Notwendigkeit Rechnung, heute auch Persönlichkeitsbildung sein zu müssen
Didaktische Gegensätze	– i. d. R. konsumptive Sekundärerfahrung („Frontalunterricht")	– stärker handlungsorientiertes Lernen mit höherem Anteil aktiver Primärerfahrung
Gesellschaftliche Gegensätze	– die privilegierende Form der Bildung (Lebenschancenverteilung) – Provozierung: „Allgemeinbildung ist die Berufsbildung der Herrschenden."	– die weniger privilegierende Form der Bildung – Provozierung: „Berufsbildung ist die Allgemeinbildung der Beherrschten."

Literaturhinweise:

BLANKERTZ, H.: Geschichte der Pädagogik. Von der Aufklärung bis zur Gegenwart. Wetzlar 1982.

BRATER, M., u. a.: Berufsbildung und Persönlichkeitsentwicklung. Stuttgart 1988.

HEID, H.: Über die Schwierigkeit, berufliche von allgemeinen Bildungsinhalten zu unterscheiden. In: Tenorth, H.-E. (Hrsg.): Allgemeine Bildung. Analysen zu ihrer Wirklichkeit. Versuche über ihre Zukunft. Weinheim/ München 1986, S. 95–115.

WEINBRENNER, P.: Allgemein bildende Inhalte in der beruflichen Bildung. In: Arnold, R. /Lipsmeier, A. (Hrsg.): Handbuch Berufsbildung. Opladen 1995, S. 245–253.

6 Von welchen zentralen Thesen gingen die so genannten „klassischen Berufsbildungstheorien“ von Georg Kerschensteiner, Eduard Spranger, Theodor Litt und Aloys Fischer aus?

Zu den Vertretern der so genannten „klassischen Berufsbildungstheorie“ werden Eduard Spranger (1882–1963), Georg Kerschensteiner (1854–1932), Aloys Fischer (1880–1937) und – bisweilen auch – Theodor Litt (1880–1962) gerechnet. Gemeinsam ist diesen Theoretikern das Bemühen um eine Aufwertung der Bildungskraft des Berufs und der gesellschaftlichen Wertschätzung der beruflichen Bildung. Dabei lösten sich diese Berufsbildungstheorien letztlich jedoch selbst nicht vollständig von der Vorstellung einer Allgemeinbildung als der denkbar höchsten Form der Menschenbildung. Allerdings war für sie Persönlichkeitsbildung nur zu erlangen „mit dem und durch den Beruf“.

Zwar ging es **Kerschensteiner** letztlich darum, brauchbare Staatsbürger zu erziehen. Doch entwickelte er dafür eine konsistente berufspädagogische Theorie, die auch der Berufsschule eine Orientierung gab. Der Beruf war für ihn Ansatzpunkt und Ausgangspunkt der Erziehung: *„Der Weg zum idealen Menschen führt nur über den brauchbaren Menschen. Der brauchbare Mensch aber ist derjenige, der seine und seines Volkes Arbeit erkennt und den Willen und die Kraft besitzt, sie zu tun. (...) Dass der einzelne seine Arbeit erkenne, an ihr Einsicht, Wille und Kraft üben und erstarken lasse, das ist die erste Aufgabe auf dem Weg zur Bildung.“*

Spranger ging von einer Stufung des Bildungsprozesses aus (= Drei-Stadien-Gesetz). Einer grundlegenden Bildung (Art Heimatkunde) folgt die Berufsbildung und ihr folgt die Allgemeinbildung: *„Der Weg zu der höheren Allgemeinbildung führt über den Beruf und nur über den Beruf.“* Vom Beruf gehen nach Spranger „Strahlen“ aus, denen der Mensch folgen kann, um „zu einer Art Allgemeinbildung“ zu gelangen: *„In diesem Sinne (...) eines Hinausstrebens vom persönlichen Zentrum aus in die Weite, kann man von einer Stufe der Allgemeinbildung reden.“*

Fischer plädierte für eine „Humanisierung der Berufsschule“.

Litt schließlich ist einer der scharfsinnigsten Kritiker der Allgemeinbildungsorientierung unseres Bildungswesens. In seinem Buch „Das Bildungsideal der deutschen Klassik und die moderne Arbeitswelt“ (1955) kritisiert Theodor Litt das neuhumanistische Menschenbild als eine *„Auflehnung wider den Zeitgeist, (welche) kaum in einem ungünstigeren Augenblick hätte ans Licht treten können als in einem Moment, da die gesellschaftliche Welt zu einer ihrer gewaltigsten Umgestaltungen ansetzte. (...) Nur durch eine Kriegserklärung an die moderne Welt glaubte die Humanitätspädagogik die Reinheit ihres Gewissens retten zu können.“*

Lernfragen:

1. Worin liegt das gemeinsame Anliegen der Vertreter der sog. „klassischen“ Berufsbildungstheorien?
2. Wie „gehen“ die klassischen Berufsbildungstheorien mit dem Gegensatz von Allgemein- und Berufsbildung um?
3. Worin unterscheiden sich die Vertreter der klassischen Berufsbildungstheorie?

Die „klassischen“ Berufsbildungstheorien

Georg Kerschensteiner	1854–1932, Volksschul- und Gymnasiallehrer mit Promotion in Mathematik, 1895 Stadtschulrat in München, 1912 Reichstagsabgeordneter, 1920 Honorarprofessor an der Universität München	– Er bearbeitete eine Preisfrage der Erfurter Akademie der Wissenschaften: „Wie ist unsere männliche Jugend von der Entlassung aus der Volksschule bis zum Eintritt in den Heeresdienst am zweckmäßigsten für die staatsbürgerliche Gesellschaft zu erziehen?“ Seine Antwort war: *durch Berufsbildung.* – Der Beruf war für ihn Ansatzpunkt und Ausgangspunkt einer Erziehung, die das Interesse der Heranwachsenden weckt und sie in die Gesellschaft zu integrieren vermag. – Zitat: *„Die Berufsbildung steht an der Pforte der Menschenbildung.“*
Eduard Spranger	1882–1963, 1905 Promotion (Dr. phil.), 1909 Habilitation, 1911 Prof. für Philosophie und Pädagogik in Leipzig, seit 1920 in Berlin, 1946–1952 in Tübingen	– Dreistadiengesetz: Von der „grundlegenden Bildung“ (heimatliche Welt, Kultur, Religion) über die „Berufsbildung“ („Mittelpunkt“) zur „Allgemeinbildung“ – Vertreter einer geisteswissenschaftlichen Psychologie („Lebensformen“) und einer Kulturpädagogik („Bildung als Wechselspiel zwischen erlebender Seele und objektivem Geist“) – Zitat: *„Der Weg zu der höheren Allgemeinbildung führt über den Beruf und nur über den Beruf“.*
Aloys Fischer	1880–1937, 1904 Promotion (Dr. phil.), 1907 Habilitation, 1918–1937 o. Professor für Pädagogik in München	– empirisch-experimentelle Orientierung – forderte eine „Neuverschmelzung von Menschentum und Arbeitsgesinnung“ durch eine „Humanisierung der Berufsschule“ – Zitat: *„Berufsbildung ist mehr und anderes als Fachbildung, was sie mehr und anderes ist, wird deutlich, wenn man sich die Ziele der allgemeinen Bildung vorhält. Die Berufsbildung ist aber auch mehr und anderes als eine abstrakte Funktionsschulung und Lebensgewöhnung; was sie mehr und anderes ist, wird deutlich, wenn man sich gerade die Linie der reinen Fachbildung vor Augen stellt.“*

Literaturhinweise:

FISCHER, A.: Die Humanisierung der Berufsschule. In: KREITMAIR, K. (Hrsg.): Aloys Fischer – Leben und Werk. Bd. 2. München 1954, S. 301–317.

GONON, P.: Kohlberg statt Kerschensteiner, Schumann und Kern statt Spranger, Habermas, Heydorn und Luhmann statt Fischer: Zum prekären Status der berufspädagogischen Klassik. In: ARNOLD, R. (Hrsg.): Ausgewählte Theorien zur beruflichen Bildung. Hohengehren 1997, S. 3–24.

KERSCHENSTEINER, G.: Wie ist unsere männliche Jugend von der Entlassung aus der Volksschule bis zum Eintritt in den Heeresdienst am zweckmäßigsten für die bürgerliche Gesellschaft zu erziehen? (1901) In: KUNZE, A. (Hrsg.): Die Arbeiterjugend und die Entstehung der beruflichen Arbeiterausbildung. Sechs Schriften (1890–1938). Quellenschriften Band 2. Vaduz 1987.

LIPSMEIER, A.: Didaktik der Berufsausbildung. München 1978.

LITT, T.: Das Bildungsideal der deutschen Klassik und die moderne Arbeitswelt. Bonn 1955.

SPRANGER, E.: Grundlegende Bildung, Berufsbildung, Allgemeinbildung. In: ders.: Kultur und Erziehung. Gesammelte Pädagogische Aufsätze. 2. Aufl. Leipzig 1922, S. 159–177.

7 Welche Argumente lassen sich auf Grund einer ideologiekritischen Analyse gegen die klassischen Berufsbildungstheorien anführen?

Es ist der Kritischen Theorie der Frankfurter Schule zu verdanken, auch in der berufspädagogischen Theoriediskussion der 70er-Jahre das Bewusstsein von der Relativität und der möglicherweise verborgenen gesellschaftlichen Funktionalität der wissenschaftlichen Erklärungen und Theorien entwickelt zu haben. Ziel war es dabei nicht nur, die verborgenen Interessen, denen die etablierten Berufsbildungstheorien hilfreich zu Diensten sind, zu benennen, es ging vielmehr auch darum, die Bildungsforschung selbst auf ein „erkenntnisleitendes Interesse" zu verpflichten. Verlangt wurde dabei u. a., dass Bildungsforschung durch ein „emanzipatorisches Interesse" geleitet werden solle: *„Sie kann Bedingungen menschlicher Mündigkeit sichtbar machen. Bildungsforschung in emanzipatorischer Absicht zielt primär auf Kritik und Selbstreflexion"* (Lempert 1971, S. 313).

Ideologiekritische Beiträge zur Berufspädagogik gab es jedoch bereits auch früher und von verschiedenen Seiten. So kritisierte Th. Litt wohl am prägnantesten die unzulässige Idealisierung der „wahren" Bildung zu Lasten der Berufsbildung, indem er auch die gesellschaftliche Funktionalität der humanistischen Bildung als *„Bildung der notgedrungen im Abseits Verharrenden, (...) die aus der Not der politischen Ausgeschlossenheit die Tugend der menschlichen Selbstvollendung machen"*, deutlich benennt. Entscheidend ist für Litt aber auch die Tatsache, dass die Bildung der Selbstvervollkommnung und der moralischen Selbstdisziplinierung historisch ganz offensichtlich in den Verrohungen des Nationalsozialismus gescheitert ist.

Ähnlich wie bereits Herwig Blankertz arbeitete auch G. Stütz in ihrer Schrift „Berufspädagogik unter ideologiekritischem Aspekt" die Kritik am „vorindustriellen Berufsbegriff" (Blankertz) heraus: So haben die klassischen Berufsbildungstheorien (insbesondere bei Kerschensteiner) die Idee der ganzheitlichen handwerklichen Arbeit just zu einem historischen Zeitpunkt idealisiert, als diese drauf und dran war, in der entstehenden Industriegesellschaft mit ihren ganz anders gearteten Lohnarbeitsverhältnissen zu verblassen. Und auch die Verbindung der Bildungsidee mit dem Beruf („Die Berufsbildung als Pforte zur Menschenbildung") führt dazu, dass die Berufsbildung hinter dem Anspruch der Aufklärung zurückbleibt, welche Bildung als freie Entfaltung der Persönlichkeit und nicht als Entfaltung innerhalb des Zweckrahmens ökonomisch relevanter Arbeit verstanden hatte.

Lernfragen:

1. Worauf bezieht sich die Kritik am „vorindustriellen Berufsbegriff" (Blankertz) der Berufspädagogik?
2. Worin findet heutzutage die von Litt kritisierte Idealisierung der „wahren" Bildung ihren Ausdruck?
3. Auf welche beiden Aspekte bezieht sich der kritische Hinweis auf das „doppelt falsche Bewusstsein" (Lempert) der Berufspädagogik?

Ideologiekritik der klassischen Berufsbildungstheorie

Die „Ideologiekritik" ist ein Verfahren der Kritischen Theorie der Gesellschaft, mit deren Hilfe es gelingen kann, „den universalen Zusammenhang der Verblendung zu durchbrechen." (Adorno)

Dieser Zusammenhang kommt dadurch zu Stande, dass Wissenschaft und Technik selbst Ausdruck und Ergebnis einer gesellschaftlichen Entwicklung sind, deren Prinzipien sie „verinnerlicht" haben.

Als „ideologisch" sind deshalb wissenschaftliche Theorien anzusehen, die nicht die „wahren" gesellschaftlichen Entwicklungstendenzen beschreiben, sondern eine „falsche" Sicht, die häufig die Sicht einer Gruppe der Gesellschaft ist und auch bewusst oder unbewusst der Verschleierung der Interessen dieser Gruppe dient, verbreiten.

1. Kritik: Die These von der unzulässigen Idealisierung „wahrer" Bildung zu Lasten der Berufsbildung (Litt)	„Wer da erwartet hatte, dass die Welt der «Bildung» Wall und Schutzwehr sein werde gegen den Andrang des äußeren und vor allem inneren Verderbens, der ist bitterlich enttäuscht worden." „Entweder wir werden «gebildet» in der Schule des Schicksals, das uns in seine harte Zucht genommen hat, oder wir werden es überhaupt nicht. (...) Gelingt es uns nicht, in der Berufsarbeit selbst die menschenbildenden Motive zu entdecken und zur Wirksamkeit zu bringen, so heißt es jeglicher Hoffnung auf Bildung entsagen. Dass von oben her die Sonne der Menschwerdung ihre Strahlen in die Beschränktheit der Berufswelt entsenden werde – das zu erwarten haben wir jedes Recht verloren." (Litt)
2. Kritik: Die These vom doppelt falschen Bewusstsein der Berufspädagogik (Lempert)	„Es liegt nahe, zu fragen, wie die wichtigsten Ausprägungen und Derivate dieser Theorie (gemeint: die klassische Berufsbildungstheorie, d. V.) sich zu dem verhalten, worauf sie sich beziehen: zum Bildungsbegriff der Aufklärung und des Idealismus und zur Berufswirklichkeit der Industriegesellschaft. Wie weit wahren die Hauptvarianten unserer berufspädagogischen Theorie die ursprüngliche Intention des Bildungsbegriffs – Emanzipation des Individuums durch Freisetzung seiner Vernunft? Wie weit berücksichtigen sie gleichzeitig die aktuelle Realität betrieblicher Arbeit, vor allem des technischen Fortschritts und der beruflichen Mobilität? Die angeführten Fragen implizieren einen Verdacht: die deutsche Berufspädagogik sei sowohl hinter den Bildungsbegriff in seiner ursprünglichen Fassung zurückgefallen als auch hinter der sich wandelnden Berufswirklichkeit zurückgeblieben; sie stelle also ein doppelt falsches Bewusstsein dar." (Lempert)

Literaturhinweise:

BLANKERTZ, H.: Deutsche Bildungstheorie und vorindustrielles Berufsverständnis (1969). In: STRAMTANN, K./ BARTEL, W. (Hrsg.): Berufspädagogik. Ansätze zu ihrer Grundlegung und Differenzierung. Köln 1975, S. 2–23.

LEMPERT, W.: Leistungsprinzip und Emanzipation. 2. Auflage. Frankfurt 1971.

LEMPERT, W.: Vorwort in: STÜTZ, G.: Berufspädagogik unter ideologiekritischem Aspekt. Frankfurt 1970, S. 1–6.

LITT, Th.: Das Bildungsideal der deutschen Klassik und die moderne Arbeitswelt. Bonn 1955.

8 Welche berufspädagogischen Leitbegriffe lassen sich definieren und wie lassen sich diese im Hinblick auf ihre didaktischen und bildungspolitischen Folgen präzisieren?

Wissenschaftliche „Begriffe" sind wie eine Brille: Sie helfen die komplexe Realität zu reduzieren („auf den Begriff zu bringen") und das Gemeinsame im Vielfältigen zu erkennen. Gleichzeitig sind Begriffe Ausdruck des jeweiligen „Zeitgeistes" einer Wissenschaftlergemeinschaft: In ihnen wird sichtbar, welche Akzente derzeit bezüglich der Beobachtung der Realität gesetzt werden. So hat sich z. B. der Begriff der **Ganzheitlichkeit** erst in den 90er-Jahren zu einer zentralen berufspädagogischen Kategorie entwickelt, was u. a. seinen Ausdruck in der Existenz eigener Ansätze zur ganzheitlichen Berufspädagogik findet (vgl. Ott 1995).

Andere berufspädagogische Grundbegriffe sind „zeitloser", wie z. B. der **Berufsbegriff**, der allerdings im berufspädagogischen Diskussionskontext mit jeweils recht unterschiedlichen Konnotationen diskutiert wird. So wird z. B. seit einiger Zeit ganz offen über die mögliche „Auflösung des Berufes" und das Entstehen einer „neuen Beruflichkeit", die wenig mit dem Lebensberufskonzept gemeinsam hat, diskutiert. In diesem Zusammenhang geben einige Diskutanden dem Arbeitsbegriff den Vorzug, da **Arbeit** – jenseits aller Kompetenzschneidungen und berufshierarchischen Festlegungen – ein conditio humana sei, bei der das Tätigsein des Menschen und die Entwicklung umfassender Kompetenzen im Vordergrund stehe. Der **Betriebsbegriff** wird häufig übersehen, obgleich sich die Betriebspädagogik ausschließlich mit der Untersuchung dieses Bereiches beschäftigt und die Nutzung betrieblicher Lerngelegenheiten sich zu einem immer wichtigeren Aspekt auf dem Weg zur „lernenden Organisation" entwickelt. Umstritten ist der **Qualifikationsbegriff** einerseits auf Grund seiner uneinheitlichen internationalen Verwendung, zum anderen, weil **Qualifikation** zu stark den funktionalen Charakter des Lernens in den Vordergrund zu rücken scheint. Es gibt deshalb Bestrebungen, Qualifikation durch **Kompetenz** zu ersetzen.

Lernfragen:

1. Welche Begriffe eigenen sich am besten für eine Verteidigung des Status quo in der Berufsbildung?
2. Welche Begriffe und Implikationen spielen in der gewerkschaftlichen Berufsbildungsdebatte eine Rolle?
3. Auf Grund welcher Tendenzen könnte es plausibel sein, von einer Auflösung des „Berufs" zu sprechen?

Literaturhinweise:

ARNOLD, R./ LIPSMEIER, A. (unter Mitarbeit von D. MÜNK): Berufspädagogische Kategorien didaktischen Handelns. In: ARNOLD, R./ LIPSMIER, A. (Hrsg.): Handbuch Berufsbildung. Opladen 1995, S. 13–28.

OTT, B.: Ganzheitliche Berufsbildung. Theorie und Praxis handlungsorientierter Techniklehre in Schule und Betrieb. Stuttgart 1995.

REETZ, L.; REITMANN, Th. (Hrsg.): Schlüsselqualifikationen. Dokumentation des Symposiums in Hamburg „Schlüsselqualifikationen – Fachwissen in der Krise?". Hamburg 1990.

Grundbegriffe der Berufspädagogik und ihre didaktischen sowie bildungspolitischen Implikationen

Grundbegriff	Definition	Didaktik	Bildungspolitik
Beruf	eine gesellschaftlich durch betriebsübergreifende Qualifikationsanforderungen definierte Position, deren Zugang reglementiert ist, deren Erreichen mehr oder weniger kontinuierliche Erwerbschancen und biografische Identität gewährleistet	Orientierung an Berufsprofilen, ggf. Ergänzung, Abrundung und Erweiterung der betrieblichen Ausbildungsmöglichkeiten	Sicherung der Berufskompetenz als Mobilitätsschutz und Sicherung des „Tauschwertes" beruflich erworbener Kompetenz
Arbeit	eine genuin menschliche Tätigkeit (planvolles Tun), durch die sich der Mensch auch als selbst bestimmtes Wesen realisiert, vor aller Reglementierung durch konkrete (betriebs-spezifische) berufliche und hierarchische Schneidungen	stärkere Betonung des Tätigseins sowie gezielte Förderung umfassender Handlungskompetenzen	stärkere Förderung des Arbeitsbezugs von Bildungsinhalten und Überwindung beruflicher Engschneidungen
Betrieb	die Gesamtheit der Lernorte (Arbeitsplatz, Lehrecke, Seminarraum) und Lerngelegenheiten (Kooperation, Interaktion), in denen sich die Kompetenz und die Identität der Lerner – ob mit oder ohne systematische Anleitung und Förderung – entwickeln kann	gezielte „Nutzung" betrieblicher Lerngelegenheiten, Erweiterung der Lernrelevanz von Arbeitsplätzen, Förderung des betrieblichen Organisationslernens	Frage nach der „Eignung" des Betriebes als Ausbildungsstätte sowie Bemühungen zur Gewährleistung von Qualitätssicherung
Qualifikation	Teil oder Gesamtheit der Fähigkeiten, Fertigkeiten und Kenntnisse, die zur Bewältigung konkreter (betrieblicher) Anforderungen notwendig sind, als „Gesamtheits"-Begriff häufig synonym mit Kompetenz verwendet	möglichst lernzielorientierte Vorbereitung auf konkrete Verwendungssituationen, aber auch Schlüsselqualifikationen	Verstärkung des Praxis- und Anforderungsbezugs der beruflichen Bildung
Bildung	Bezeichnung für einen Reifungsgrad der Persönlichkeit des Menschen, welcher ihn in die Lage versetzt, selbstbestimmt und verantwortlich zu handeln und die kulturell-gesellschaftliche Entwicklung mitzugestalten	nicht nur beruflich verwertbares, sondern auch kritisches Wissen sowie musisch-ästhetische Inhalte	„Öffentliche Verantwortung" als notwendiges Korrektiv für betriebliche Interessen
Ganzheitlichkeit	Programmbegriff für Aus- und Weiterbildungskonzeptionen, die eine einseitig fachliche oder kognitive Berufsbildung durch die Einbeziehung außerfachlicher Komponenten überwinden möchte	handlungs- und projektorientierte sowie lebendigere Ausbildungsmethoden	Reduzierung inhaltlicher Überfrachtungen von Lehrplänen (Ausbildungsordnungen) und Lehrerbildung
Verantwortung	Zielbegriff einer Berufsbildung, die nicht nur dem reibungslosen Funktionieren betrieblicher Abläufe „dient", sondern auch die Förderung der gesellschaftlichen, sozialen und ökologischen Kompetenzen anstrebt	bewusste Arbeit mit „critical incidents" sowie Ermöglichung sozialer und politischer Erfahrungen	Stärkung eines weiten, gesellschaftsbezogenen Begriffs von Berufsbildung

9 Was kennzeichnet den Paradigmenwechsel in der Berufspädagogik in Anbetracht neuer Formen der Arbeitsorganisation, erweiterter Qualifizierung („Schlüsselqualifikationen") und „lernender" Unternehmen?

„Paradigmenwechsel" sind Phasenübergänge. In ihnen löst sich eine Disziplin von ihren bisherigen Sichtweisen, um sich neuen Denkmodellen und Theorien zuzuwenden.

Selten vollziehen sich Paradigmenwechsel völlig geräuschlos und selten wird dabei alles, was bisher galt, über Bord geworfen, um sich völlig Neuem zuzuwenden. Vielmehr wird in Zeiten eines Phasenüberganges wissenschaftlich äußerst kontrovers und oft auch heftig gestritten; und bei den „neuen Sichtweisen", die dann allmählich in den Vordergrund treten, handelt es sich oft auch bloß um Konzepte, die man schon lange kennt, für deren Berücksichtigung, Weiterentwicklung und Präzisierung es aber plötzlich neue Argumente und auch neue Notwendigkeiten gibt.

Ein solcher kontroverser Phasenübergang vollzieht sich seit einiger Zeit auch in der Berufspädagogik: Angesichts der Verbreitung von neuen Formen der Arbeitsorganisation, der zunehmenden Bedeutung erweiterter Qualifizierung („Schlüsselqualifikationen") und der wachsenden Erkenntnis, dass nicht nur Einzelne, sondern ganze Organisationen lernen (müssen), hat auch die Berufspädagogik begonnen, die Akzente ihrer bisherigen Betrachtungsweisen zu verlagern. Zu erwähnen sind dabei zwei Akzentverschiebungen, die sich mit den „Slogans":

a) Von der mechanistischen zur evolutionären Berufspädagogik und
b) Von der Erzeugungs- zur Ermöglichungsdidaktik

beschreiben lassen.

Mit diesen Akzentverschiebungen ist gemeint, dass die Berufspädagogik sich allmählich einerseits von überlieferten bildungstheoretischen Vorstellungen löst, denen zufolge alle Maßnahmen, in denen Menschen im Hinblick auf die Erfüllung extern vorgegebener Zwecke ausgebildet werden, per se einen Bildungsanspruch ausschließen. Andererseits verabschiedet man sich auch von didaktischen Konzepten, die allzu schlicht von der Annahme ausgehen, dass alles, was „gelehrt", auch in irgendeiner Weise entsprechend „gelernt" werde.

Demgegenüber verbreitet sich die Sichtweise, dass auch zweckorientiertes Lernen „Bildung" bewirken kann, wenn es die Lerner aktiviert und ihre eigenen Methodenkompetenzen sowie ihre sozialen und personalen Fähigkeiten zu entwickeln hilft. Gleichzeitig erkennt man, dass solche Prozesse von professionellen Berufspädagogen nur subjektsenibel „begleitet", aber nicht gewissermaßen stellvertretend geplant und erschlossen werden können. Man erkennt stärker die Notwendigkeit, die Lernprozesse zu entreglementieren und gleichzeitig auch dem außerfachlichen Lernen in der Berufsbildung systematisch einen stärkeren Stellenwert zukommen zu lassen.

Von der mechanistischen zur evolutionären Berufspädagogik

mechanistische Berufspädagogik	**evolutionäre Berufspädagogik**
1) dualistische Konzeptionen zum Verhältnis von Bildung und Qualifikation	4) integratives Verständnis des Verhältnisses von Bildung und Qualifikation
2) die didaktische Illusion der Machbarkeit	5) der didaktische Realismus der Selbstorganisation
3) die Dominanz des fachlichen Lernens in der Berufsbildung	6) die (wachsende) „fachliche" Bedeutung des außerfachlichen Lernens in der Berufsbildung

Von der Erzeugungs- zur Ermöglichungsdidaktik

Erzeugungsdidaktik	**Ermöglichungsdidaktik**
Charakterisierung Didaktik als Planungstheorie von Lernprozessen (zur Auswahl, Aufbereitung, Vermittlung von Inhalten)	*Charakterisierung* Didaktik als Situations- und Subjekttheorie (zur Förderung von Selbstorganisation sowie Kompetenz- und Identitätsentwicklung
Methodenaspekt Vermittlungsmethoden, Aufbereitung und didaktische Reduktion	*Methodenaspekt* Suchmethoden, Selbstbildung, Entreglementierung des Lernens
Professionalität stellvertretende Erschließung von Bildungsgehalten	*Professionalität* subjektsensible „Begleitung" selbstorganisierten Lernens

(nach Arnold 1997, S. 138 u. 140

Lernfragen:

1. Welche Argumente sprechen *für*, welche *gegen* ein integratives Verständnis von Bildung und Qualifikation?
2. Worin findet die wachsende fachliche Bedeutung außerfachlichen Lernens ihren Ausdruck?
3. Wie lassen sich nach den Prinzipien einer „Ermöglichungsdidaktik" Ausbildungsprozesse professionell vorbereiten?

Literaturhinweise:

ARNOLD, R.: Schlüsselqualifikationen – Ziele einer evolutionären Berufspädagogik. In: ders. (Hrsg.): Ausgewählte Theorien zur beruflichen Bildung. Hohengehren 1997, S. 134–145.

ARNOLD, R./ DOBISCHAT, R./ OTT, B. (Hrsg.): Weiterungen der Berufspädagogik. Von der Berufsbildungstheorie zur internationalen Berufsbildung. Stuttgart 1997.

BRATER, M., u. a.: Berufsbildung und Persönlichkeitsentwicklung. Stuttgart 1988.

BRATER, M.; BAUER, H.G.: Schlüsselqualifikationen. Der Einzug der Persönlichkeitsentwicklung in die Berufsbildung. In: HERZER, H./ DYBOWSKY, G./ BAER, H. G. (Hrsg.): Methoden betrieblicher Weiterbildung. Ansätze zur Integration fachlicher und fachübergreifender beruflicher Bildung. Eschborn 1990, S. 51 – 69.

HARNEY, K.: Der Trend zum Selbst: Das neue Modernitätsverständnis betrieblicher Rationalität. In: Hessische Blätter für Volksbildung, 42 (1992), 4, S. 318–325.

RAUNER, F.: Anmerkungen zu einer prospektiven Berufsbildung für die „neue" Fabrik. In: LAUER-ERNST, U. (Hrsg.): Neue Fabrikstrukturen – Veränderte Qualifikationen. Berlin 1990, S. 51–59.

10 Wie beurteilt(e) die Berufspädagogik die pädagogischen Potenziale des „Betriebes“? Wodurch ist ein pädagogischer Betriebsbegriff bestimmt?

Betriebe sind die einzigen „Bildungsinstitutionen“, die durch eine „Funktionssymbiose“ (Luhmann/Schorr) gekennzeichnet sind: Sie sind sowohl „Produzenten“ als auch „Abnehmer“ von Qualifikationen und Kompetenzen. Aus diesem Sachverhalt ergibt sich die für die Pädagogik „ärgerliche Tatsache“, dass Betriebe – anders als dies bei anderen Bildungsinstitutionen der Fall ist – eben nicht nur nach den Maßstäben von Bildung „vermessen“ werden können. Hieraus ergibt sich die für die Betriebspädagogik zentrale Konstitutionenfrage: „Können die Bildungsansprüche des Individuums (...) aus einer Abhängigkeit des pädagogisch Notwendigen vom wirtschaftlich, technologisch und unternehmerisch Möglichen heraus realisiert werden?“ (Arnold 1990, S. 26). Im Umgang mit dieser Spannungslage zwischen den Konstitutionsmechanismen von Betrieben einerseits und dem pädagogischen Erkenntnisinteresse andererseits entwickelten sich in der betriebspädagogischen Debatte unterschiedliche und einander widersprechende Argumentationsmuster.

Vorherrschend war lange Zeit ein **Beharren auf dem pädagogischen Prinzip**, durch welches die Betriebspädagogik aus dem Bildungsanspruch ausgeklammert wurde. Die in der betriebspädagogischen Funktionssymbiose beinhaltete Dialektik wurde dabei nicht fruchtbar aufgearbeitet, sondern eindimensional aufgelöst. Es wurde einseitig auf dem pädagogischen Prinzip beharrt und die betriebliche Bildungsarbeit, da sie betriebliche Funktionen erfüllt, unter einen generellen Ideologieverdacht gestellt. Übersehen wurde dabei die Dialektik, um nicht zu sagen: die Paradoxie modernisierter betrieblicher Bildungsarbeit. Erfolgreiche Qualifikationsanpassung gelingt heute nämlich häufig nur dann, wenn es gelingt, den Arbeitskräften mehr zu vermitteln als angepasste Qualifikationen bzw. mehr als Qualifikationen zur Anpassung an bekannte Anforderungen. Die Qualifikationen der (zukünftigen) Beschäftigten sollen vielmehr an Situationen angepasst werden, die offen sind und für deren Gestaltung es gerade keine „passenden“ Lösungen gibt.

Diese offenen Situationen erfordern in zunehmendem Maße eine **Qualifizierung durch Bildung**, d. h. „die Anforderungen der Arbeitswelt (schlagen) in Anforderungen an die freie Entwicklung der Persönlichkeit (um) (...), Berufsausbildung (muss), gerade weil sie sich an den Anforderungen der Arbeitswelt orientiert“ – und hierin liegt das Paradoxon der Betriebspädagogik – „mehr und mehr allgemeine Persönlichkeitsbildung werden!“ (Brater u. a. 1988, S. 43). Diesem Anspruch versucht die betriebliche Bildungsarbeit durch die Vermittlung von Schlüsselqualifikationen bzw. „erweiterten“ oder „außerfachlichen Qualifikationen“ Rechnung zu tragen.

Literaturhinweise:

ARNOLD, R.: Betriebspädagogik. 2. Auflage. Berlin 1997.

BRATER, M., u. a.: Berufsbildung und Persönlichkeitsentwicklung. Stuttgart 1988.

GEISSLER, H. (Hrsg.): Neue Aspekte der Betriebspädagogik. Bd. 1 der Reihe „Betriebliche Bildung – Erfahrungen und Visionen“. Frankfurt 1990.

GONON, P. (Hrsg.): Schlüsselqalifikationen kontrovers. Eine Bilanz aus kontroverser Sicht. Aarau 1996.

Zum Verhältnis von „Betrieb“ und „Pädagogik“

Betrieb	Pädagogik
• „Reich der Notwendigkeit“ • zweckrationales Handeln • Gewinnorientierung • „Verwertung" der menschlichen Arbeitskraft • „Unterwerfung“ unter die „Gesetze“ des Arbeitsmarktes	• „Reich der (pädagogischen) Freiheit“ • sinn- und wertbezogenes Handeln • Bildungsorientierung • umfassende Entwicklung und Förderung der menschlichen Fähigkeiten • Selbstentwicklung, Selbstfindung (Identität)

Betriebspädagogische Muster des „Umgangs“ mit der Spannungslage zwischen „Betrieb“ und „Pädagogik“

Die *Aufgabe* des pädagogischen Prinzips	Entsprechende betriebspädagogische Ansätze erarbeiten Bildungstechnologien, um die Aus- und Weiterbildungsmaßnahmen der Betriebe zu „effektivieren“, d. h. didaktisch präziser und methodisch wirksamer zu gestalten, ohne damit einen grundlegenden Dialog über den „Bildungsgehalt“, die Ziele und Funktionen dieser betrieblichen Praxis zu verbinden.
Die *Ausklammerung* des pädagogischen Prinzips	Entsprechende betriebspädagogische Ansätze gehen von einer pragmatischen Einschätzung der betrieblichen Gegebenheiten und Möglichkeiten aus, die es ihnen als „bedenklich“ erscheinen lassen, dem Betrieb allgemeine Bildungsfunktionen zuzuweisen, deren Ausübung in unserer Gesellschaft doch öffentlich verantwortet werden muss.
Die *Verfälschung* des pädagogischen Prinzips	Dieses betriebspädagogische Argumentationsmuster verkürzt den Bildungsgedanken auf seine Anpassungsfunktion und geht häufig mit einer Ideologisierung des Betriebslebens einher. Unterschlagen wird dabei der Anspruch, den Einzelnen auch zur Kritikfähigkeit und zum Widerstand gegen entmündigende Realitäten zu befähigen.
Das *Beharren* auf dem pädagogischen Prinzip	Für dieses betriebspädagogische Argumentationsmuster ist kennzeichnend, dass die Bildungsarbeit der Betriebes unter einen generellen Ideologieverdacht gestellt wird. Es wird darauf hingewiesen, dass die restriktiven betrieblichen Arbeitsbedingungen und die negativen Auswirkungen der Lohnarbeit letztlich überwiegen und die idealisierten Modelle von Partizipation, Selbstorganisation usw. als Ideologie entlarven.
Die *pädagogische (Mit-)Gestaltung* des Betriebs	Grundlegend ist für entsprechende betriebspädagogische Ansätze die Einschätzung, dass die technische und arbeitsorganisatorische Entwicklung keineswegs nur nach ökonomischen oder technischen Sachzwängen erfolgt, sondern vielmehr „elastische Potenzen“ (Marx) sind, die auch durch vom Menschen getroffene Entscheidungen gestaltet werden können. Hieraus ergeben sich für die Betriebspädagogik Gestaltungsspielräume, die auch für die umfassende Entwicklung der Persönlichkeit genutzt werden können.

(nach: Arnold 1997, S. 25 ff.)

Lernfragen:

1. Welche Gemeinsamkeiten lassen sich zwischen den Sphären „Betrieb“ und „Pädagogik“ feststellen?
2. Welche Argumente sprechen *für*, welche *gegen* ein „Beharren auf dem pädagogischen Prinzip“?
3. Welche Bedingungen fördern, welche behindern eine pädagogische Mitgestaltung des Betriebes?

11 Welche Erklärungsansätze und Prognosen liegen bezüglich der Frage nach der Entwicklung der Qualifikationsanforderungen vor?

Zu der Frage „Wie beeinflussen technische, arbeitsorganisatorische und gesellschaftliche Wandlungen die Qualifikationsstruktur?" kann man heute auf zwei „Runden" der Debatte zurückblicken:

Erste Runde:
Während in den 70er-Jahren die Anhänger der so genannten **Höherqualifizierungsthese** davon ausgingen, dass es im Zuge der technischen, wirtschaftlichen und gesellschaftlichen Entwicklung zu einem allgemeinen Anstieg der Qualifikationsanforderungen kommen werde, widersprach die so genannte **Dequalifizierungstheorie** dieser optimistischen Einschätzung. Die Soziologen H. Kern und M. Schumann verschärften in ihrer Leitstudie „Industriearbeit und Arbeiterbewusstsein" im Jahre 1970 die Dequalifizierungsthese zur sog. **Polarisierungsthese** und zeigten, dass es in Zukunft im Beschäftigungssystem zu einer kleinen Gruppe von Superqualifizierten und einer großen Gruppe von Dequalifizierten (An- und Ungelernten) kommen werde.

Zweite Runde:
In den 80er-Jahren veränderte sich die Perspektive der Qualifikationsforschung. „Qualifikation" wurde stärker als notwendiger Ausdruck von subjektiven Erfahrungen und kommunikativen Kompetenzen angesehen. Grundlegend waren hierfür u. a. Studien von Kern und Schumann („Das Ende der Arbeitsteilung"; 1984) und von Baethge und Oberbeck („Die Zukunft der Angestellten"; 1986), in denen dokumentiert wurde, dass Facharbeit zunehmend den Charakter des „Herstellens" verliert und sich zur „Systembetreuung" wandele, wofür die subjektiven Potenziale („Planung", „Durchführung" und „Kontrolle") systematisch gefördert werden müssen. Gleichzeitig wurde aber auch (u. a. mit Blick auf Japan) wieder an die **Segmentationstheorien** der späten 70er-Jahre erinnert, die davon ausgehen, dass es im Zuge der Modernisierung der Märkte und Beschäftigungsverhältnisse eine duale Arbeitsmarktstruktur bzw. einen ersten Arbeitsmarkt (mit gut bezahlten und sicheren Arbeitsplätzen) und einen zweiten Arbeitsmarkt (mit schlecht bezahlten und unsicheren Jobs) gäbe.
Eine grundlegende methodologische Problematik der Arbeitsmarkt- und Qualifikationsforschung stellt die Frage dar, ob aus einer Analyse des Status quo wirklich zuverlässig Prognosen zur zukünftigen Qualifkationsstrukturentwicklung extrapoliert werden können oder ob diese nicht notwendigerweise strukturkonservativ und innovationshemmend wirken („Fortschreibung des Bestehenden").

Lernfragen:

1. Welcher Perspektivwandel hat sich in den 80er-Jahren in der Debatte um die Qualifikationentwicklung vollzogen?
2. Mit welchen Thesen wird die Konzeption der Schlüsselqualifikationen begründet?
3. Welche Theorien treten in der augenblicklichen Debatte häufig in den Hintergrund? Prüfen Sie, ob damit auch wichtige Aspekte übersehen zu werden drohen!

Die Debatte um die Qualifikationsstrukturentwicklung

Theorien zur Qualifikationsstrukturentwicklung	**„1. Runde" (1965 ff.): Strukturperspektive und Technik- sowie Herrschaftsdeterminismus** (Technikentwicklung und Herrschaftsinteressen determinieren Qualifikationsstrukturentwicklung)	**„2. Runde" (1980 ff.): Inhaltsperspektive und Interdependenzannahmen** (Interdependenz von Technikeinsatz, Arbeitsorganisation und Qualifikation)	**Berufspädagogische Folgerungen**
Tendenz „höher" d.h. generelle Erhöhung der Durchschnittsqualifikation	*bis in die 70er-Jahre:* neoklassische Wirtschaftstheorien und Humankapitalkonzepte: Arbeitsteilung und Spezialisierung führen zu höheren Anforderungen	*bis 2. Hälfte der 80er-Jahre:* These von der systemischen und subjektzentrierten Rationalisierung und „Reprofessionalisierung" der Arbeitskraft (Kern, H./ Schumann, M.: Das Ende der Arbeitsteilung. München 1984; Baethge, M./ Oberbeck, H.: Die Zukunft der Angestellten. Frankfurt 1986)	*„berufspädagogischer Optimismus":* Ausweitung des Bedarfs und der Chancen umfassender Qualifizierung
Tendenz „tiefer" d.h. generelles Absenken der Durchschnittsqualifikation.	*bis Mitte der 70er-Jahre:* politökonomische, d. h. werttheoretische und herrschaftssoziologische Argumentation: – struktureller Zwang zur Senkung von Bildungsausgaben im Kapitalismus – Interesse an leichter Beherrschbarkeit der Mitarbeiter		*„berufspädagogischer Pessimismus":* Vernichtung von Qualifikationschancen bzw. -notwendigkeiten, Notwendigkeit zur Qualifizierung der „Modernisierungsverlierer"
Tendenz „bipolar" d.h. wenig Superqualifizierte und viel Dequalifizierte	*70er-Jahre:* Polarisierungsthese i. S. einer Verschärfung der Dequalifizierungsannahme (Kern, H./ Schumann, M.: Industriearbeit und Arbeiterbewusstsein. Frankfurt 1970)	*insbes. 1985 ff.:* These von der Arbeitsmarktsegmentation: Ungleichheiten, Diskrepanzen sowie Randbelegschaften auf den sich modernisierenden Arbeitsmärkten (dual market theory)	*„berufspädagogischer Realismus"* Mitgestaltung von Pädagogisierungschancen einerseits und Kritik der Ausgrenzungswirkungen von Modernisierungsprozessen andererseits (ideologiekritische Wachsamkeit)

Literaturhinweise:

BAETHGE, M.: Empirische Qualifikationsforschung und Weiterbildung. In: SIEBERT, H. (Hrsg.): Taschenbuch der Weiterbildungsforschung. Baltmannsweiler 1979, S. 459–481.
BAETHGE, M./ BAETHGE-KINSKY, V.: Zur Entwicklung von Qualifikationsstruktur und qualitativem Arbeitsvermögen. In: ARNOLD, R./ LIPSMEIER, A. (Hrsg.): Handbuch Berufsbildung. Opladen 1995, S. 142–156.
GEORG, W./ SATTEL, U.: Arbeitsmarkt, Beschäftigungssystem und Berufsbildung. In: ARNOLD, R./ LIPSMEIER, A. (Hrsg.): Handbuch Berufsbildung. Opladen 1995, S. 123–141.

12 Wie hat sich das Verhältnis von Bildung und Qualifikation im Kontext des Wandels von Arbeitsorganisationskonzepten und der Entstehung neuer Anforderungsprofile entwickelt?

Mit dem Übergang von der traditionellen Industrietechnik zur neuen Industrietechnik gehen grundlegende Veränderungen der Arbeitsorganisation, der Qualifikationsanforderungen und der damit verbundenen beruflichen Handlungsmuster einher. War die traditionelle Industrietechnik durch Großserienfertigung, Fließbandproduktion und lange Materialdurchläufe gekennzeichnet, so geht die Verbreitung neuer Industrietechniken mit flexiblen Fertigungsverfahren sowie Gruppenarbeitsformen und „Just in time"-Produktion einher. Diese beiden unterschiedlichen Technikformen variieren auch bezüglich der mit ihnen verbundenen Arbeitsorganisation: Der eher stärkeren **Polarisierung der Qualifikationsstruktur** i. S. einer strengen Arbeitsteilung zwischen Ungelernten, Facharbeitern und Technikern sowie Ingenieuren bei der Großserien- und Fließbandproduktion korrespondiert eine tendenzielle **Entspezialisierung und Reprofessionalisierung** bei der Anwendung der neuen Industrietechnik: Gearbeitet wird verstärkt in Teamstrukturen, waren früher die Funktionen Produktion, Instandhaltung und Qualitätssicherung hierarchisch getrennt, so ist in der Gruppenarbeit häufig ein Team gleichzeitig für diese Funktionen zuständig.

Dieser Wandel von der traditionellen zur neuen Industrietechnik veranlasst auch die Berufspädagogik, ihr Konzept vom **Berufskönnen** zur **Berufskompetenz** zu erweitern. Entscheidende Unterschiede zwischen „Berufskönnen" und „Berufsqualifikation" zur „Berufskompetenz" liegen in der zugestandenen Aktionsweite und im potenziellen Autonomiegrad des beruflichen Handelns. Hier lässt sich als Entwicklungstendenz eine Verlagerung von eher einzelberuflich definierten ausführenden Tätigkeiten hin zu eher selbstorganisierten Tätigkeiten feststellen, die zudem nicht durch einzelberufliche Zuständigkeitsgrenzen eingeengt sind, sondern das Berufsumfeld und die Arbeitsorganisation mit gestalten.

Diese Erweiterung vom fachlich verengten Berufskönnen zur umfassenden Berufskompetenz geht auch mit einem veränderten Bezug zur Bildung einher. Sah sich in der Vergangenheit die berufliche Bildung oft auf Grund ihrer einseitigen Zweckorientierung stark kritisiert und in einen Gegensatz zur eigentlichen „Bildung" gerückt, so geht mit der kompetenzorientierten Berufsbildung auch eine veränderte Zweckstruktur einher: Berufsbildung ist nicht mehr nur auf extern vorgegebene Zwecke ausgerichtet, sie soll auch die Fähigkeit im Einzelnen anbahnen, selbst an der Zwecksetzung mitzuwirken. Diese Veränderung lässt zumindest als Möglichkeit zu, dass der Einzelne dabei auch seine eigenen Zwecke mit realisieren kann.

Lernfragen:

1. Welche Beispiele illustrieren den Wandel vom Berufskönnen zur Berufskompetenz?
2. Gibt es auch Gegenbeispiele?
3. Was sind die fördernden und was die hindernden Bedingungen für diesen Wandel von Technik, Qualifikation und Berufsbildung?

„Der soziale Wandel veranlasst die Berufs- und Arbeitspädagogik, ihr Konzept vom »Berufskönnen« zur »Berufskompetenz« zu erweitern“

	Berufskönnen	**Berufsqualifikation**	**Berufskompetenz**
Berufselemente	Kenntnisse Fertigkeiten Fähigkeiten	Kenntnisse Fertigkeiten Fähigkeiten	Kenntnisse Fertigkeiten Fähigkeiten
Aktionsweite	einzelberuflich definiert und fundiert	berufsbreite Flexibilität	Berufsumfeld und Arbeitsorganisation
Arbeitscharakter	gebundene ausführende Arbeit	ungebundene ausführende Arbeit	freie dispositive Arbeit
Organisationsgrad	fremdorganisiert	selbstständig	selbstorganisiert

Definition:

„Berufliche Kompetenz besitzt derjenige,
- der über die erforderlichen Kentnisse, Fertigkeiten und Fähigkeiten eines Berufs verfügt,
- Arbeitsaufgaben selbstständig und flexibel lösen kann sowie fähig und bereit ist,
- dispositiv in seinem Berufsumfeld und innerhalb der Arbeitsorganisation mitzuwirken“

(G. P. Bunk).

Hintergrund der Technik und Arbeitsorganisation	**Traditionelle Industrietechnik:** Großserie Fließband langer Materialdurchlauf Arbeitsteilung: Ungelernte (Produktion), Facharbeiter/ Techniker (Instandhaltung) und Ingenieure (Qualitätssicherung) *Kennzeichen:* Polarisierung der Qualifikationsstruktur und hoher Anteil an manueller Werkstoffbearbeitung	**Neue Industrietechnik:** flexible Fertigung C-Verfahren, Roboter, Gruppenarbeit „just in time“-Produktion Team von Facharbeitern, Technikern und Ingenieuren gleichzeitig zuständig für Produktion, Instandhaltung und Qualitätssicherung *Kennzeichen:* Entspezialisierung, Reprofessionalisierung und Rückgang manueller Eingriffe
Bezug zur Bildung	zweckorientierte Bildung	zwecksetzende Bildung

(nach: Bunk 1994, S. 10 und Schmidt 1988, S. 175)

Literaturhinweise:

ARNOLD, R./ DOBISCHAT, R./ OTT, B. (Hrsg.): Weiterungen der Berufspädagogik. Von der Berufsbildungstheorie zur internationalen Berufsbildung. Stuttgart 1997.

BUNK, G, P.: Kompetenzvermittlung in der beruflichen Aus- und Weiterbildung in Deutschland. In: Europäische Zeitschrift für Berufsbildung, 1/1994, S. 9–15.

SCHMIDT, H.: Zur Zukunft von Qualifikation und Bildung. In: HESSE, J. J. u. a. (Hrsg.): Zukunftswissen und Bildungsperspektiven. Baden-Baden 1988, S. 167–183.

13 Welche Berufsbildungstheorien werden in der aktuellen berufspädagogischen Debatte diskutiert und worin unterscheiden sie sich?

Theorien sind Versuche, die Wirklichkeit gedanklich „abzubilden“, d. h. eine möglichst adäquate Sicht der Wirklichkeit zu entwickeln. Dabei ist auf Grund der erkenntnistheoretischen Einsichten über die Unmöglichkeit von „Gewissheit“, d. h. des Erkennens einer objektiv so und nicht anders gegebenen Realität, davon auszugehen, dass Theorien „Konstrukte“ sind. Ihre wissenschaftliche Qualität bemisst sich daran, ob sie – vorläufig – „tauglich“ sind, d. h. einen „gangbaren“ („viablen“) Weg der Wirklichkeitsbeschreibung zu liefern vermögen.

Auf Grund dieser „Konstruktivität der Erkenntnis“ überrascht es auch nicht, dass Theorien einen Gegenstand unterschiedlich darstellen, sodass es schließlich unterschiedliche Theorien über diesen Gegenstand gibt. Dies ist auch bei den Berufsbildungstheorien so.

Während die älteren bzw. die sog. „klassischen“ Berufsbildungstheorien ihren Gegenstand unter einer bildungstheoretischen Perspektive analysierten und darum bemüht waren nachzuweisen, dass auch die berufliche Bildung „bildend“ wirke und ihre gesellschaftliche Berechtigung habe, ist bei den neueren Berufsbildungstheorien eine Diversifizierung der Perspektiven feststellbar.

So lassen sich Theorien, denen es um die Antizipation von externen Anforderungen beruflicher Bildung geht (Bunk, Zabeck), etwa von solchen unterscheiden, die bewusst eine bedarfsunabhängige Konzeption beruflicher Bildung vertreten, die einengende Kategorie des Berufes ablehnen und nach den Bedürfnissen und Möglichkeiten des Subjektes fragen (Brater u.a). Wieder andere Theorien sind darum bemüht, das System der beruflichen Bildung in seinen Elementen, ihren Verknüpfungen und Wechselwirkungen detailliert zu beschreiben, Paradoxien und Probleme aufzuzeigen und Alternativen zu konstruieren (Greinert, Lipsmeier, Münch).

Darüber hinaus lassen sich auch noch moralpädagogische und evolutionäre Ansätze zur beruflichen Bildung unterscheiden: Während es Ersteren darum geht, die moralischen Sozialisationswirkungen beruflich-betrieblicher Ausbildung darzustellen (Lempert), analysieren die evolutionären Ansätze die Selbstorganisation ganzheitlicher Sytemzusammenhänge sowie betrieblicher und individueller Potenziale und versuchen die Aus- und Weiterbildungsmöglichkeiten zu bestimmen, die solche Potenziale aufbauen, entwickeln und fördern können.

Lernfragen:

1. Beschreiben Sie an einem Beispiel (z. B. didaktische Theorie) die drei Aspekte von Theorien!
2. Vergleichen Sie die Antizipationstheorie mit der Gestaltungstheorie beruflicher Bildung!
3. Mit welcher Theorie lässt sich das Phänomen der Schlüsselqualifizierung wie (Verstehen) und mit welchen Folgerungen (Gestalten,Verbessern) „abbilden“?

Neuere Berufsbildungstheorien

Theorien sind „dreieckig“, d. h., sie sind Beschreibungen bzw. Konstruktionen von Realität (hier: Berufsbildung) unter den Kriterien der Wahrheit (Verstehen), der Nützlichkeit (Gestalten) und der Moralität (Verbessern).

Antizipative Berufsbildung (J. Zabeck, G. P. Bunk)	Diese Theorien fokussieren das Verhältnis zwischen sozioökonomischem Wandel und der Frage nach der Anpassung des Berufsbildungssystem an denselben. Gefordert wird eine Berufsbildung, die den gesellschaftlichen Wandel vorwegnehmen und überdauern können. Wichtig ist deshalb die Prognose, welche Auswirkungen die zu erwartenden Wandlungen auf die Qualifikationsanforderungen haben werden. Hieraus lassen sich Basis- und Antizipationsqualifikationen ableiten.
Technikgestaltende Berufsbildung (F. Rauner, B. Ott u. a.)	Ausgegangen wird von der empirischen Tatsache, dass Technik nicht nur auf eine Art an den Arbeitsplätzen einer Gesellschaft angewandt werden kann. Beruflich qualifizierte Menschen stellen vielmehr einen Einflussfaktor dar, der die konkrete Art der Technikanwendung beeinflusst und gestaltet. Hierauf müssen Technikeinsatz und Berufsbildung Bezug nehmen. Die Fähigkeit zur Mitgestaltung von Technik setzt allerdings die Frage nach deren gesellschaftlichem Nutzen und Folgen voraus.
Systemtheorie beruflicher Bildung (D. Greinert, A. Lipsmeier, J. Münch)	Es geht den systemtheoretischen Ansätzen zur Berufsbildung um eine differenzierte Beschreibung der Systemelemente und Aufbauprinzipien des Berufsbildungssystems, um die Analyse der die Strukturentwicklung prägenden Interdependenzen (z. B. zum allgemein bildenden Schulwesen oder zum Arbeitsmarkt- und Beschäftigungssystem) und Paradoxien und um die Analyse und Entwicklung von alternativen Systemkonzepten.
Subjektorientierte Theorie beruflicher Bildung (M. Brater, K. Müller, I. Lisop u. a.)	Diese Ansätze kritisieren die Orientierung beruflicher Bildung am Beruf, in dem sie eine „subjektive Entwicklungsschablone“ (Brater) sehen. Kritisiert werden Ansätze, die die Berufsbildungsinhalte aus einem vermeintlich „objektiven“ Bedarf von Arbeitsmarkt und Gesellschaft ableiten. Berufsbildung solle „bedarfsunabhängig“ ansetzen, die subjektiven Ansprüche an Arbeitstätigkeit stärken und die individuellen Deutungsmuster und Sinnzuschreibungen berücksichtigen.
Moralpädagogische Theorie beruflicher Bildung (W. Lempert)	W. Lempert versteht berufliche Bildung als einen Beitrag zur gesellschaftlichen Demokratisierung. Berufsbildung muss den Einzelnen auch zur Mitwirkung an der Humanisierung der Arbeit und der Demokratisierung von Wirtschaft und Betrieben befähigen. Eine besondere Aufmerksamkeit gilt dabei dem „heimlichen Lehrplan“ des Betriebes, d. h. der Frage, wie Arbeit im Betrieb sozialisiert wird.
Evolutionäre Theorie beruflicher Bildung (R. Arnold, W. Dürr, B. Ott u. a.)	Für die neueren evolutionären Theorien beruflicher Bildung ist die Orientierung an den Konzepten von „Ganzheitlichkeit“ und „Selbstorganisation“ charakteristisch. Berufliche Bildung soll die Selbstorganisationspotenziale von Individuen und Betrieben fördern und umfassende Handlungskompetenzen zur Mitgestaltung der betrieblichen und gesellschaftlichen Evolution anbahnen. Dabei kommt dem didaktischen Konzept der Handlungsorientierung eine grundlegende Bedeutung zu.

Literaturhinweise:

ARNOLD, R.: Berufsbildung. Annäherungen an eine evolutionäre Berufspädagogik. Bd. 1 der Schriftenreihe „Grundlagen der Berufs- und Erwachsenenbildung“. Hohengehren 1994.

ARNOLD, R. (Hrgs.): Ausgewählte Theorien zur beruflichen Bildung. Hohengehren 1997.

BECK, K.: Theorieansätze. In: ARNOLD, R./ LIPSMEIER, A. (Hrsg.): Handbuch der Berufsbildung. Opladen 1995.

OTT, B.: Ganzheitliche Berufsbildung. Theorie und Praxis handlungsorientierter Techniklehre in Schule und Betrieb. Stuttgart 1995.

14 Welches ist der Gegenstand der Wissenschaft „Berufspädagogik" und mit welchen Instrumenten versucht sie diesen zu analysieren?

Der Gegenstand, mit dem sich die Berufspädagogik als erziehungswissenschaftliche Spezialdisziplin beschäftigt, ist die Qualifizierung und Kompetenzentwicklung von Jugendlichen und Erwachsenen. Da diese in aller Regel in institutionalisierten Kontexten (Berufsschule, Betrieb, Akademien usw.) und an **Lernorten** (Klassenraum, Arbeitsplatz, Computer) stattfinden, bezieht sich die berufspädagogische Forschung in ihrem Schwerpunkt auf Fragestellungen, die etwas mit der Entwicklung und Gestaltung dieser Kontexte zu tun haben. Dabei geht es ihr einerseits darum, deren **Bedingungen** (Methoden, Medien, Lehrerverhalten, Prüfungen usw.) systematisch zu beobachten, d. h. deren **Möglichkeiten und Realitäten** kritisch zu rekonstruieren, nach den mit ihnen verbundenen (oder verhinderten) Entwicklungschancen für das Subjekt zu fragen und mit den erklärten bzw. **gesellschaftlich notwendigen Zielen** (für eine Erwerbstätigkeit und das Leben in der Gesellschaft) zu vergleichen (Soll-Ist-Vergleiche und Verbesserungsvorschläge).

In der Geschichte der berufspädagogischen Forschung und Theorieentwicklung haben sich unterschiedliche erziehungswissenschaftliche Teildisziplinen herausgebildet, die sich zwar alle mit der Qualifizierung und Kompetenzentwicklung von Fachkräften bzw. von Fachkräftenachwuchs beschäftigen, dabei jedoch mit einem jeweils unterschiedlichen Fokus vorgehen: Während die **Wirtschaftspädagogik** den weitesten Fokus zu Grunde legt und generell den Zusammenhang zwischen Wirtschaft und Erziehung in den Blick nimmt, ist die Berufspädagogik auf die mit dem Beruf in Zusammenhang stehenden Erziehungs- und (Aus-)Bildungsfragen bezogen. Auf die in den Betrieben ablaufenden Lernprozesse ist die **Betriebspädagogik** fokussiert, während die **Arbeitspädagogik** generell sämtliche mit der Arbeitstätigkeit in Verbindung stehenden Lernprozesse analysiert. Die **Erwachsenenpädagogik** fragt nach den Bedingungen und Möglichkeiten des Lernens Erwachsener.

Wie alle erziehungswissenschaftlichen Spezialdisziplinen arbeitet auch die Berufspädagogik sowohl **erfahrungswissenschaftlich**, indem sie systematisch Daten erhebt (z. B. durch Befragungen, Tests, Interwies) und diese mit statistischen Berechnungsverfahren auswertet (z. B. Klärung der Frage „Was wird aus Ausbildungsabbrechern?"), als auch **hermeneutisch-qualitativ**, indem sie z. B. narrative Interviews durchfüht und versucht Einzelfälle umfassend zu verstehen und den Sinn, den die Handelnden ihrem Handeln zuschreiben, zu rekonstruieren (z. B. „Analyse mentaler handlungsleitender Modelle von Berufsausbildern").

Lernfragen:

1. Beschreiben Sie die Unterschiede und Gemeinsamkeiten zwischen der Berufs- und der Wirtschaftspädagogik!
2. Wie ließe sich die wachsende Bedeutung der Betriebspädagogik und der Erwachsenenpädagogik erklären?
3. Definieren Sie eigene Forschungsthemen und entscheiden Sie, welche Beiträge von den einzelnen Spezialdisziplinen ausgehen könnten!

Berufsbezogene Spezialdisziplinen	Gegenstände (Auswahl)	Untersuchungsthemen (Auswahl)
Wirtschaftspädagogik	Verhältnis zwischen Wirtschaft und Erziehung im weitesten Sinne („Wirtschaftserziehung") und kaufmännische Aus- und Weiterbildung	– Unterrichtsfach Wirtschaftslehre bzw. -kunde – kaufmännische Berufe – Diplomhandelslehrer-Ausbildung – Verbraucherkunde
Berufspädagogik	Verhältnis zwischen Beruf und Erziehung (bzw. Bildung) („Berufserziehung")	– Berufsschule – Berufsvorbereitung – Gewerbelehrerausbildung – gewerbl.-technische Ausbildungsberufe
Betriebspädagogik	Verhältnis zwischen Betrieb und beruflicher Aus- und Weiterbildung („Betriebserziehung") und Frage nach den Möglichkeiten und Bedingungen von Organisationslernen	– außerschulische Formen der Berufserziehung – der „heimliche" Lehrplan des Betriebes („moralische Sozialisation") – Führen von Mitarbeitern – Organisationsentwicklung durch Lernen der Organisation
Arbeitspädagogik	Verhältnis zwischen Arbeit und Lernen bzw. Lernen am Arbeitsplatz („Arbeitserziehung")	– Bildung durch Arbeit – Bildung für die Arbeit – Arbeitslehre – Arbeitsschule – Arbeiterbildung
Erwachsenenpädagogik	Besonderheiten der Bildung und Qualifikation Erwachsener („Erwachsenenbildung", „Weiterbildung")	– Erfahrungsorientierung – biografisches Lernen – lebenslanges Lernen – erwachsenengemäßes Lernen

(nach Arnold/Krämer-Stürzl 1996, S. 21 f.)

Literaturhinweise:

ARNOLD, R./ KRÄMER-STÜRZL, A.: Berufs- und Arbeitspädagogik. Leitfaden der Ausbildungspraxis in Produktions- und Dienstleistungsberufen. Berlin 1996.

LIPSMEIER, A.: Vom Beruf des Berufspädagogen. Zur Wissenschaftstheorie der Berufspädagogik. In: Die deutsche Berufs- und Fachschule, 68 (1972), 1, S. 21–49.

SCHELTEN, A.: Einführung in die Berufspädagogik. 2., durchgesehene und erweiterte Auflage. Stuttgart 1994.

15 Mit welchen Themen und Fragestellungen beschäftigt sich die Berufsbildungsforschung in Deutschland?

„Berufsbildungsforschung" wird als eine Sammelbezeichnung für alle Forschungen betrachtet, die sich auf das Feld der beruflichen Erst- und Weiterbildung beziehen.

Berufsbildungsforschung „befasst" sich dabei mit zahlreichen Gegenständen und Fragestellungen, die nicht nur der Berufs- und Wirtschaftspädagogik „gehören", vielmehr wirken auch andere Wissenschaftsdisziplinen, wie z. B. die Psychologie, die Soziologie, die Ökonomie etc., an der Erforschung der beruflichen Bildung mit, wenn auch die berufs- und wirtschaftspädagogische Forschung eine gewisse Leitfunktion hat.

Berufsbildungsforschung stellt sich uns somit als eine zwar interdisziplinäre, aber gleichwohl pädagogisch orientierte Aufgabe dar. Neben der berufs- und wirtschaftspädagogischen Forschung bestimmen dabei – folgt man einer Denkschrift der Deutschen Forschungsgemeinschaft – „interdisziplinäre Forschungen" sowie „andere relevante sozialwissenschaftliche Forschungen" das Erscheinungsbild der Berufsbildungsforschung.

Als mögliche Schwerpunktprogramme einer zukünftigen Berufsbildungsforschung wurden von der erwähnten Senatskommission der DFG (1990, S. 114 ff.) folgende Themen beispielhaft genannt:

a) „Beschreibung der Qualifikationsstruktur eines „guten" Facharbeiters bzw. kaufmännischen Angestellten und der zu diesem Ziel führenden Bildungsprozesse",
b) „Effizienzverbesserung beruflicher Lernprozesse an verschiedenen Lernorten",
c) „Verknüpfung von Lern- und Arbeitsphasen in der Berufsbildung",
d) „Interaktionsbedingte Lernchancen und Lernprobleme in der Berufsgrundbildung",
e) „Berufliches Lernen unter dem Einfluss des Berechtigungswesens"
f) „Einflüsse der neuen Informations- und Kommunikationstechniken auf berufliche Bildungsprozesse"
g) „Bedeutung dual strukturierter Beufsbildungsprozesse für die internationale Kooperation"

Als mögliche Themen für die Einrichtung von Sonderforschungsbereichen werden genannt:

a) „Rekonstruktion beruflicher Karrieren unter dem Gesichtspunkt ihrer Bedeutung für die Persönlichkeitsentwicklung",
b) „Möglichkeiten einer aktiven Bewältigung und Gestaltung komplexer Lernaufgaben",
c) „Berufspädagogisch-historische Sozialisationsforschung"

Lernfragen:

1. Beinhaltet diese Struktur alle derzeit relevanten Forschungsfragen zur beruflichen Bildung?
2. Überprüfen Sie die Auflistung möglicher Schwerpunktprogramme und Sonderforschungsbereiche! Welche „fehlen"?
3. Überprüfen Sie die innere Logik der DFG-Strukturierung der Berufsbildungsforschung!

Ansätze und Bereiche der Berufsbildungsforschung – Rekonstruktion des Verständnisses von Berufsbildungsforschung in der DFG-Denkschrift

Berufsbildungsforschung (BBF) = Grundlagen- oder Prognose- oder Evaluationsforschung (= Fokus bzw. Ausrichtung der BBF)

Bereiche der BB-Forschung	Ansätze und Themen
1) Berufs- und wirtschaftspädagogische Forschung (= pädagogisch orientierte BB-Forschung)	Frage nach der Bildungsbedeutsamkeit der Lern- und Qualifkationsprozesse in der Berufsgesellschaft eigenständige Interpretation interdisziplinär gewonnener Ergebnisse vor dem Hintergrund des „pädagogischen Normhorizontes“
2) Interdisziplinäre Forschungsansätze (= interdisziplinäre BB-Forschung I)	
– sozioökonomische Forschung	wirtschafts- und sozialwissenschaftliche empirische Untersuchung charakteristischer Strukturen und Prozesse hoch entwickelter Industriegesellschaften
– Sozialisationsforschung	Frage nach den sozialisierenden Funktionen und den Selektionswirkungen von Berufsbildung, auch nach der Sozialisation von Ausbildern und Berufsschullehrern sowie nach den psychischen Folgen von unqualifizierter Arbeit und Arbeitslosigkeit
(3) Andere relevante sozialwissenschaftliche Forschungen (= interdisziplinäre BB-Forschung II)	Lehr-Lern-Forschung Psychologische Forschung Betriebswirtschaftliche Forschung Soziologische Forschung, insbesondere – industrie- und organisationssoziologische Untersuchungen zu Arbeitsorganisation, betrieblicher Rationalisierung und Technikeinsatz, – Lebenslaufforschung und Untersuchungen von Berufskarrieren, – sozioökonomische Arbeitsmarktforschung

Quelle: Arnold/Tippelt 1992, S. 371

Literaturhinweise:

ARNOLD, R.: Universitäre Berufsbildungsforschung „auf dem Prüfstand“. In: Zeitschrift für Pädagogik, 38 (1992), 4, S. 599–612.

ARNOLD, R./ TIPPELT, R.: Forschungen in berufsbildenden Institutionen – Trendbericht über den Zeitraum 1970–1990. In: INGENKAMP,./ JÄGER, R./ PETILLON, H./ WOLF, R. (Hrsg.): Empirische Pädagogik 1970–1990. Eine Bestandsaufnahme der Forschung in der Bundesrepublik Deutschland. Band I. Weinheim 1992, S. 369–405.

DEUTSCHE FORSCHUNGSGEMEINSCHAFT (DFG): Senatskommission: Berufsbildungsforschung an den Hochschulen der Bundesrepublik Deutschland. Denkschrift. Weinheim 1990.

LIPSMEIER, A.: Möglichkeiten und Probleme einer Kooperation in der Berufsbildungsforschung zwischen BIBB und Universitäten. In: Berufsbildung in Wissenschaft und Praxis, 7 (1989), S. 19–26.

16 Was bedeutet „Organisationslernen“ und wie kann man dieses durch Berufsbildung fördern?

Begriffe wie „Organisationslernen“ oder „organisationales Lernen“ verweisen darauf, dass es für die Zukunft von Unternehmen nicht mehr ausreichend ist, dass die einzelnen Mitarbeiter umfassend qualifiziert werden, es kommt vielmehr auch darauf an, die Abläufe und Strukturen so zu organisieren, dass die ganze Organisation lernt. Organisationslernen umfasst dabei mehr und anderes als lediglich die Gesamtheit der individuellen Lernprozesse. Damit Organisationen sich zu lernenden Systemen wandeln, ist es vielmehr notwendig, dass das betriebliche Management die „Lernbrücken“ zwischen individuellem und organisationalem Lernen systematisch gestaltet.
Auf der Ebene der Inhalte (Lernbrücke A) bezieht sich das organisationale Lernen auf die geteilten Deutungen und Visionen („shared visions“) von Routinen und Strategien. Diese müssen in einer durch Moderation und Partizipation gekennzeichneten Kooperation ständig überprüft, modifiziert und weiterentwickelt werden, um zu verhindern, dass die Organisation in starren Deutungs- und Interpretationsweisen verharrt. Dies setzt allerdings auf der Ebene des individuellen Lernens voraus, dass die Mitarbeiter nicht nur über fachliches Wissen verfügen, sondern darüber hinaus auch über soziale und methodische Kompetenzen. Umgekehrt können sich solche erweiterten Kompetenzen nur in lernenden Organisationen entfalten.
Auch in den anderen Lernebenen setzen sich individuelles und organisationales Lernen wechselseitig voraus: So ist für die kontinuierliche Entwicklung der Unternehmenskultur und der kollektiven Wissensbasis des Unternehmens die Entwicklung individueller Gestaltungskompetenz notwendige Voraussetzung (Lernbrücke B) und auch die Formen des Lernens (Lernbrücke C) korrespondieren: Während es in den eher institutionalisiert ablaufenden individuellen und sozialen Lernprozessen darum geht, auf den „Umgang mit Unsicherheit“ vorzubereiten, wird das eher beiläufig sich vollziehende organisationale Lernen geradezu dadurch initiiert, dass Führungskräfte und Kooperationspartner kontinuierlich auch für eine gezielte Irritation sorgen. Deshalb sind die „Lernagenten“ beim organisationalen Lernen auch alle Organisationsmitglieder, während das individuelle Lernen i. d. R. durch Ausbilder, Weiterbildner und Führungskräfte initiiert und begleitet wird (Lernbrücke D). Schließlich werden die durch individuelles und organisationales Lernen entstehenden Kompetenzen unterschiedlich „repräsentiert“ (Lernbrücke E): Während individuelles Lernen seinen Ausdruck in der Kognition und Handlungskompetenz des Einzelnen findet, äußert sich der Erfolg organisationalen Lernens in der Transparenz und Lebendigkeit organisationaler Strukturen und Prozesse.

Lernfragen:

1. Weshalb wird es für immer mehr Unternehmen wichtig, das Lernen ihrer Organisation systematisch zu fördern?
2. Welche Mitarbeiterqualifikationen „benötigt“ ein lernendes Unternehmen?
3. Welche Aufgabe haben Führungskräfte im lernenden Unternehmen zu erfüllen?

Individuelles und organisationales Lernen – zwei Seiten eines Prozesses

	individuelles Lernen	Lern-Brücken	organisationales Lernen
A Inhalte	Fachwissen sowie Sozial- und Methoden-kompetenz	Schlüssel-qualifkationen / Moderation und Partizipation	geteilte Deutungen und Visionen von Routinen uund Strategien (Deutungs- und Interpretationswissen)
B Ziele	individueller Kompetenzerwerb	Gestaltungs-kompetenz / Mitarbeiter-orientierung	Entwicklung von Unternehmenskultur und kollektiver Wissensbasis
C Formen	eher institutionalisierte individuelle und soziale Lernprozesse	Umgang mit Unsicherheit / gezielte Irritation	eher alltäglich-beiläufiges Lernen (durch Kooperations- und Führungserfahrung)
D „Lehrer" bzw. Lernagenten	Ausbilder, Weiterbildner und Führungskräfte	Lehr-Lern-Gefälle / kein Lehr-Lern-Gefälle	alle Organisations-mitglieder
E Lernergebnis	Kognition und Kompetenz als Ergebnis-„Speicher"	Handlungslernen / Transparenz u. Veränderbarkeit	Reglements, Organisationshandbücher, Betriebserfahrung und Computer

(aus: Arnold 1997, S. 184)

Literaturhinweise:

ARNOLD, R.: Betriebspädagogik. 2., überarbeitete und erweiterte Auflage. Berlin 1997.
ARNOLD, R./ WEBER, H. (Hrsg.): Weiterbildung und Organisation. Zwischen Organisationslernen und lernenden Organisationen. Berlin 1995.
AGYRIS, C./ SCHÖN, D. A.: Organizational Learning. A Theory of Action Perspective. Reading/ Mass. 1978.
GEISSLER, H. (Hrsg.): Organisationslernen und Weiterbildung. Die strategische Antwort auf die Herausforderungen der Zukunft. Neuwied 1995.
GEISSLER, H.: Grundlagen des Organisationslernens. Weinheim 1994.
PROBST, G. J. B./ BÜCHEL, B. S. T.: Organisationales Lernen. Wettbewerbsvorteil für die Zukunft. Wiesbaden 1994.
SATTELBERGER, Th.: Die lernende Organisation. Konzepte für eine neue Qualität der Unternehmensentwicklung. Wiesbaden 1991.
SENGE, P.: Die fünfte Disziplin. Kunst und Praxis der lernenden Organisation. Stuttgart 1996.

17 Welche Bedeutung kommt dem Unternehmenskulturansatz für die Gestaltung der beruflichen Aus- und Weiterbildung zu?

Die Kernaussage des Unternehmenskulturansatzes ist durch eine doppelte Spannungslage gekennzeichnet:

1. die Spannung zwischen **Oberflächen-** und **Tiefenstruktur** und
2. die Spannung zwischen **Istkultur** und **Sollkultur** eines Unternehmens.

• Spannung zwischen Oberflächen- und Tiefenstruktur

Grundlegend ist das von Holleis in die Unternehmenskulturdebatte eingeführte „Eisbergmodell“, das mehrfach aufgegriffen und abgewandelt worden ist. Dieses Modell veranschaulicht augenfällig, dass die sichtbaren Aspekte eines Unternehmens, auf deren Analyse und Gestaltung sich die Betriebswirtschaftslehre und die Managementkonzepte lange Zeit konzentrierten, „getragen“ werden von eher unsichtbaren bzw. „impliziten“ Größen, um deren Förderung und Gestaltung man sich bislang nicht groß gekümmert hat.

Man ging vielmehr davon aus, dass der Unternehmenserfolg letztlich doch weitgehend dadurch gewährleistet werden kann, dass die formal-sichtbaren Größen richtig „gehandhabt“ werden. Diesen mechanistischen Kurzschluss haben zahlreiche Untersuchungen (u. a. Peters/ Watermann 1989) grundlegend in Frage gestellt, indem sie herausfanden, dass es häufig die unsichtbaren, unternehmenskulturellen Aspekte sind, die den Erfolg am Markt bestimmen.

• Spannung zwischen Istkultur und Sollkultur

Jedes Unternehmen verfügt bereits immer über eine Kultur, d. h. über einen Vorrat an typischen Hintergrundüberzeugungen, Werten sowie Interpretationsmustern.

Die Frage ist nur, ob diese bereits vorhandene Kultur kunden- und mitarbeiterorientiertes Handeln leitet oder eher behindert. Oft wird schon diese Istkultur mit dem Leitbild der Firma verwechselt, auf welches sich (im Idealfall) Führungskräfte und Mitarbeiter als orientierende „Vision“ (shared vision) gemeinsam verständigt haben. Lebendig wird diese Sollkultur jedoch erst dann, wenn sie von allen Beteiligten sichtbar gelebt wird bzw. gelebt werden kann.

Die Analyse und Rekonstruktion der gelebten Unternehmenskultur ist Gegenstand einer hermeneutisch (verstehend) arbeitenden betriebspädagogischen Forschung. Die Untersuchung, wie sich die grundlegenden Werte begründen lassen, ist Thema der betriebspädagogischen Ethik.

Die betriebliche Aus- und Weiterbildung erfüllt für die Unternehmenskulturentwicklung eine in mehrfacher Hinsicht wichtige Funktion:

- Zum einen werden in den Lernprozessen Einstellungen und Verhaltensweisen vermittelt und Lernerfahrungen gesammelt, die in das Unternehmen hineinwirken, wobei die erlebte Lernkultur der Sollkultur eines Unternehmens nicht widersprechen sollte, häufig aber dieser auch „vorauseilen“ kann (Innovationsfunktion).
- Zum anderen werden insbesondere Auszubildende bereits während ihrer Ausbildung mit der gelebten Unternehmenskultur konfrontiert und so in diese Kultur„eingeübt“ (Enkulturationsfunktion).

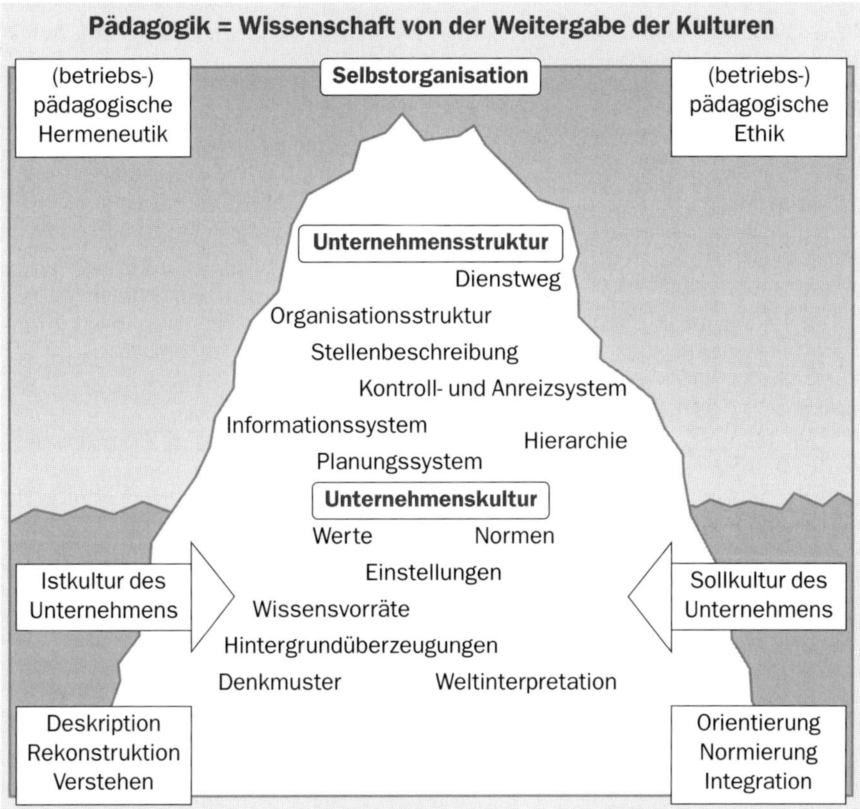

(aus Arnold 1995, S. 38)

Lernfragen:

1. Wie kann man forschungsmethodisch vorgehen, um die Istkultur eines Unternehmens zu analysieren?
2. Welche Aufgaben kommen auf Führungskräfte zu, die die Kultur ihres Unternehmens fördern wollen?
3. Wie müsste eine betriebliche Bildungsarbeit, die den Wandel der Unternehmenskultur initiiert und begleitet, gestaltet werden?

Literaturhinweise:

ARNOLD, R.: Betriebliche Weiterbildung. Selbstorganisation, Unternehmenskultur, Schlüsselqualifikationen. 2. Auflage. Hohengehren 1995.

DÜRR, W. (Hrsg.): Organisationsentwicklung als Kulturentwicklung. Einübung in die Wahrnehmung eines Ganzen. Baltmansweiler 1989.

HOLLEIS, W.: Unternehmenskultur und moderne Psyche. Frankfurt/New York 1987.

NEUBERGER, O./ KOMPA, A.: Wir, die Firma. Der Kult um die Unternehmenskultur. Weinheim/Basel 1987.

PETERS,T.J./WATERMANN, R. H.: Auf der Suche nach Spitzenleistungen. Landsberg a. Lech 1989.

WEVER, U.A.: Unternehmenskultur in der Praxis. Erfahrungen eines Insiders bei zwei Spitzenunternehmen. Frankfurt New York 1989.

18 Wie stellt sich der Zusammenhang zwischen Lean Production und beruflicher Bildung dar?

Dem Konzept der Lean Production, der schlanken Produktion, liegt eine andere Arbeitsauffassung und eine andere Vorstellung von der Organisation von Produktionsprozessen sowie der Rolle, die die Mitarbeiter in dieser Produktion zu spielen haben, zu Grunde. Während die tayloristische Massenproduktion die Anteile von Personal und Qualifikation möglichst reduziert und die Kostenanteile der Humanressourcen schmal zu halten bemüht ist, zeigten insbesondere die japanischen Erfahrungen, dass es auch eine funktionierende Arbeits- und Personalpolitik geben kann, die bei weitgehend konstanten Beschäftigungsverhältnissen sowie einer engen Orientierung am Unternehmen Produktivitäts-, Qualifikations- und Motivationsvorteile zu erzielen in der Lage ist:

„Nicht die Austauschbarkeit des Personals und die Anpassung der Lohnsumme an konjunkturelle Schwankungen durch Anpassung, d. h. durch Reduktion des Personals, sind zentrale Parameter japanischer Beschäftigungspolitik, sondern umgekehrt: sämtliche organisatorischen Mechanismen, wie Forschung und Entwicklung, Herstellung und Vertrieb, dienen der Sicherstellung der Beschäftigungsverhältnisse und des Erwerbs“ (Weber, 1994, S. 39).

Nimmt man die charakteristischen Merkmale des „Lean Managements“ im Vergleich zur Arbeitsauffassung im Taylorismus in den Blick, so fällt auf, dass mit dem Lean Management ganz deutlich

- eine Reduzierung der Spezialisierung,
- eine deutliche Erhöhung der außer- und überfachlichen Qualifikationsanforderungen (Selbstständigkeit, Verantwortungsfähigkeit usw.),
- eine tendenzielle Entstandardisierung des Berufshandelns sowie
- eine Enthierarchisierung und Dezentralisierung der Problemlösungsverantwortung

verbunden sind.

Für die berufliche Aus- und Weiterbildung ergibt sich hieraus die Notwendigkeit, die entsprechenden Qualifikationen systematisch zu entwickeln und zu fördern. Darüber hinaus erhält die betriebliche Weiterbildung die wesentliche Aufgabe, die „mentalen Modelle“ derjenigen, die bereits längere Zeit in tayloristischen Produktionskontexten gearbeitet haben, zu transformieren und sie auf den Umgang mit unsichereren, d. h. nicht durchgängig statischen Produktionskontexten, vorzubereiten, damit sie ihre Rolle bei der Gestaltung offenerer Arbeitsbedingungen wahrnehmen können.

Lernfragen:

1. Welche Strukturen und Entwicklungen der Berufsbildung erleichtern Lean Management, welche behindern es?
2. Wie müsste die Ausbildung von Fachkräften gestaltet werden, damit Qualifikationen entstehen, die Lean Management erleichtern?
3. Entwickeln Sie ein idealtypisches Anforderungsprofil für Fachkräfte, die in einer Lean Production arbeiten sollen!

Arbeitsauffassung im Lean Management im Vergleich zum Taylorismus und ihre Bedeutung für die Berufliche Bildung

Arbeitsauffassung im Taylorismus	Lean Management	Konsequenzen für berufliche Bildung
Trennen von Denken und Handeln	Integration von Denken und Handeln	ganzheitliches Denken und Problemlösungsfähigkeit
niedrig qualifizierte Arbeitskräfte	hoch qualifizierte Arbeitskräfte	Intensivierung der betrieblichen Bildungsarbeit und der Lernchancen am Arbeitsplatz
hoch arbeitsteilige Einzelarbeitsplätze	Aufgabenerledigung im Team	Teamfähigkeit durch Lernen in Gruppen und Förderung der Sozialkompetenz entwickeln
Karriere, Rang und Aufgabenfeld stark zergliedert nach alten zünftischen und ständischen Mustern und Beförderungsschienen	Entwicklung in Verwaltung und Unternehmen prinzipiell für alle gleich – Beförderung auf Grund nachgewiesener Leistungsfähigkeit	Tendenz zur Gleichwertigkeit der beruflichen Bildung und und ihrer Abschlüsse
bevormundende Vorbereitung und Strukturierung der Arbeiten durch Externe	Arbeits- und Produktionsplanung vor Ort nach Anforderungen durch „Kunden"	Verantwortungsfähigkeit und Kundenorientierung fördern
Qualität durch Arbeitsvorbereitung und Anlagenplanung vorgegeben	Qualität wird produziert und eigenständig verbessert	Selbstverantwortung für die Qualität des eigenen Arbeitens fördern
Anlagen- und Ablaufplanung durch externe Spezialabteilungen, teilweise ohne Wissen der Betroffenen	Rationalisierung, Verbesserung und Innovation durch die Wert schöpfende Ebene selbst	Selbstorganisationsfähigkeit der Mitarbeiter fördern
hochleistungsfähige Spezialanlagen zur standardisierten Massenfertigung	flexibel einsatzfähige kleinere Anlagen mit der Tendenz zur „seriellen Einzelfertigung"	Fähigkeit zum Umgang mit Unsicherheit und mit Neuem entwickeln (Flexibilität)
hohe Fertigungstiefe: alles unter einem Dach	niedrige Fertigungstiefe möglichst früh verselbstständigen	breite und fachübergreifende Qualifikationen entwickeln

(teilweise nach: Esser/Kobayashi 1994, S. 152)

Literaturhinweise:

BÖSENBERG, D./ METZEN, H.: Lean Management. Vorsprung durch schlanke Konzepte. 5. Auflage. Landsberg a. Lech 1995.

ESSER, M./ KOBAYASHI, K. (Hrsg.): Kaishain. Personalmanagement in Japan. Göttingen 1994.

WEBER, H.: Die Evolution von Produktionsparadigmen. In: ders. (Hrsg.): Lean Management – Wege aus der Krise. Organisatorische und gesellschaftliche Strategien. Wiesbaden 1994, S. 21–44.

WOMACK, J. P./ JONES, D. T./ ROOS, D.: Die zweite Revolution in der Autoindustrie. 6. Auflage. Frankfurt/ New York 1992.

19 Wie ist das Konzept der Schlüsselqualifikationen bildungstheoretisch und berufspädagogisch zu bewerten?

Konnte man noch bis vor wenigen Jahren davon ausgehen, dass die Betriebe ausschließlich ein Ort des zweck- und verwendungsorientierten Lernens seien, während Bildung und Persönlichkeitsentwicklung lediglich in außerbetrieblichen Bereichen (Schule, Volkshochschule usw.) gefördert werden könnten, so ist eine solche klare Grenzziehung heute immer weniger möglich. Die Entwicklung der Qualifikationsanforderungen lässt es vielmehr geraten erscheinen, die **These von der doppelten Zweckstruktur betrieblicher Personalentwicklung** zu vertreten: Betriebliche Aus- und Weiterbildung muss heute die Mitarbeiter in doppelter Weise befähigen, nämlich einerseits zum Erfüllen betrieblicher Zwecke (**zweckorientierte Qualifizierung**), andererseits zur Gestaltung betrieblicher Zwecke (**zwecksetzende Qualifizierung**).
Spätestens im Jahre 1987 wurde auch der interessierten Öffentlichkeit in Deutschland bewusst, dass die Verengung der beruflichen Ausbildung auf unmittelbar zweckorientierte Erfordernisse im Aufweichen begriffen ist. In diesem Jahr wurde der lang andauernde Diskussionsprozess zwischen Arbeitgebern und Arbeitnehmern über die curriculare Neuordnung der Ausbildungsberufe im Metall- und Elektrobereich angeschlossen. Was dabei herauskam, war eine didaktische Innovation. Ergebnis waren nämlich Ausbildungsordnungen, die ausdrücklich die Vermittlung von Schlüsselqualifikationen in den neu geordneten Metall- und Elektroberufen ausweisen und so dazu anleiten, in komplexen beruflichen Alltagssituationen Problemlösungen „selbstständig zu planen“, „durchzuführen“ und „zu kontrollieren“. Dadurch weitet sich das Qualifikationslernen auch zur „Bildung“ bzw. genauer zur Persönlichkeitsbildung, d. h. zur „proportionierlichen Ausbildung aller Kräfte“ (W. v. Humboldt).
Zahlreiche Betriebe mussten zudem aus der Einsicht, dass im Rahmen eines geführten und kontrollierten Lernens nur „Geführtwerden“, aber nicht Fähigkeiten zur Führung und Selbstführung gelernt werden können, Konsequenzen ziehen. In der betrieblichen Ausbildungspraxis sind deshalb heute handlungsorientierte Ausbildungsmodelle auf dem Vormarsch, und die betriebliche Weiterbildung experimentiert mit Lernarrangements eines selbstorganisierten Lernens.
Es ist überflüssig zu betonen, dass sich diese Erweiterung des betrieblichen Qualifikationslernens noch keineswegs in allen Bereichen des Beschäftigungssystems durchgesetzt hat. Zwar bestätigen zahlreiche soziologische Arbeitsmarktstudien die tendenzielle Verbreiterung der Qualifikationsanforderungen, doch wird allzu häufig verdrängt, dass unser Beschäftigungssystem für die Randgruppen des Arbeitsmarktes gleichzeitig auch durch dauerhafte Ausgrenzungs-, Dequalifizierungs- und Abspaltungstendenzen gekennzeichnet ist.

Literaturhinweise:

GONON, P. (Hrsg.): Schlüsselqalifikationen kontrovers. Eine Bilanz aus kontroverser Sicht. Aarau 1996.
BECK, H.: Schlüsselqualifikationen. Bildung im Wandel. Darmstadt 1993.
MERTENS, D.: Schlüsselqualifikationen. Thesen zur Schulung für eine moderne Gesellschaft. In: Mitteilungen aus der Arbeitsmarkt- und Berufsforschung, 7 (1974), S. 36–43.
REETZ, L./REITMANN, Th. (Hrsg.): Schlüsselqualifikationen. Dokumentation des Symposiums in Hamburg „Schlüsselqualifikationen – Fachwissen in der Krise?“ Hamburg 1990.
WILSDORF, D.: Schlüsselqualifikationen. München 1991.

Schlüsselqualifikationen – Definitionselemente und Kontroversen

A. Definitionselemente

Typologie (nach. D. Mertens)	Konkretisierung	Vehikel, Gegenstand
Basisqualifikationen	logisches Denken analytisches Denken kritisches Denken strukturierendes Denken dispositives Denken kooperatives Denken konzeptionelles Denken dezisionalistisches Denken kreatives Vorgehen kontextuelles Denken	formale Logik, Schaltalgebra, anal. Geometrie Geometrie Über- und Unterordnung Organisationslehre konkrete Spiele Planungstechniken Spieltheorie Entscheidungstheorie Brainstorming Netzplantechnik
Horizont-Qualifikationen	Know how to know: Gewinnung, Verstehen und Verarbeiten von Informationen	z. B. Bibliothekskunde, Grundwissen über Fremdsprachen, Fachwörtersprachen
Breitenelemente	z. B. die vier Grundrechnungsarten; Messtechnik; Arbeitsschutz; Maschinenwartung	
Vintagefaktoren (Vintage = Weinlese, Weinjahrgang)	keine Differenzen zwischen Jung und Alt	z. B. Mengenlehre, Programmiertechniken

B. Kontroverse

Pro-Argumentation	Kontra-Argumentation
Die Substanzgewinnthese Es gibt nicht nur einen Gegensatz, sondern auch eine Konvergenz zwischen betrieblichem Nutzen und individueller Bildung. So „setzen“ z. B. die neuen Qualifizierungsstrategien gezielt auf die Selbstständigkeit und damit auf die Persönlichkeitsbildung.	*Die These von der Substanzlosigkeit der Schlüsselqualifikationen* Schlüsselqualifikationen sind „pädagogisches Papiergeld ohne Golddeckung“. Es geht den Unternehmen nicht um Persönlichkeitsbildung, sondern um Personalentwicklung (Erhöhung innerer und äußerer Flexibilität), es geht nicht um Bildung, sondern um Rendite.
Qualifikationsrisiko für die Betriebe Gestaltungskompetenz beinhaltet Qualifikationen, die grundsätzlich nicht begrenzbar sind und auch gegen die Absichten des Managements geltend gemacht werden können.	*Freiheit durch mehr Abhängigkeit* Nicht Schlüssel-, sondern Spezialqualifikationen bringen Einkommen und Ansehen. Die Personalchefs erhalten mehr Macht, weil sie definieren können, was Schlüsselqualifikationen konkret sind und welche sie erwarten.

(B nach: Thesendiskussion Arnold/Geißler. In: Berufsbildung, 49 (1995), 33, 28–31)

Lernfragen:

1. Ist die von Mertens getroffene Unterscheidung zwischen Basis- und Horizontqualifikationen sowie Breitenelementen und Vintagefaktoren „vollständig“?
2. Welche Belege lassen sich für die „doppelte Zweckstruktur“ modernisierter Berufsbildung anführen?
3. Prüfen Sie die Pro- und Kontra-Argumente und überlegen Sie, welche der Thesen sich besser belegen lassen!

20 Welche Konsequenzen ergeben sich aus den Krisen, in die die Fachbildung geraten ist?

Die Berufsbildung sieht sich angesichts des immer rasanter verlaufenden technologischen, sozialen, ökonomischen und ökologischen Wandels vor grundlegende Schwierigkeiten gestellt. Diese Schwierigkeiten lassen sich als „Krisen der Fachbildung" definieren, weil durch sie ein Konzept beruflicher Bildung tangiert wird, in welchem die Vermittlung fachlicher Kenntnisse, Fähigkeiten und Fertigkeiten fast ausschließlich im Vordergrund steht. Insbesondere diese Bezugnahme der Qualifizierungsprozesse auf die fachlichen Anforderungen ist nämlich heute mit dem doppelten Problem konfrontiert, dass einerseits das Fachwissen ganz oder in Teilen immer schneller veraltet (Obsolenzproblem) und dass andererseits die Entwicklung der fachlichen Anforderungen nur begrenzt vorhersagbar ist (Prognosedefizit).

„Begegnet" wird dieser doppelten Krise der Fachbildung durch weit reichende Transferannahmen, wobei man u. a. davon ausgeht, dass es überhaupt nicht notwendig sei, punktaktuelles und detailliertes Fachwissen zu erwerben; es sei vielmehr ausreichend, *solches* Fachwissen zu erwerben, welches eine starke „Valenz" (Wertigkeit) für das Verständnis und die Erarbeitung von aktuellem Fachwissen habe. Man erwartet, dass solches Grundlagen-, Erschließungs- und Strukturwissen weniger rasch veraltet, sieht sich aber andererseits mit dem Problem konfrontiert, dass entsprechende Transfer-Valenzen nur dort gegeben sind, wo „identische Elemente" (Thorndike) zwischen dem Gelernten und dem Anwendungsfeld gegeben sind, was keineswegs automatisch und immer der Fall ist (Transferproblem A).

Die in dem Konzept der Schlüsselqualifizierung angelegte Sichtweise stellt weniger den Berufs- und Wissensbezug in den Vordergrund, als den Subjekt- und den Handlungsbezug. Man geht davon aus, dass es heute nicht mehr in erster Linie um die „Überlieferung" von Wissen und beruflichen Qualifikationen gehen kann, entscheidend sei vielmehr die Entwicklung von Kompetenzen und das Erproben von Handlungen. Ausgegangen wird dabei davon, dass die Entwicklung entsprechender kognitiver Strukturen durch didaktische Arrangements ermöglicht, aber nicht erzeugt i. S. von „hergestellt" werden kann (Kognitionsproblem). Außerdem wird davon ausgegangen, dass die Ausbildungsmethode bereits die Handlungsspielräume sowie Erfahrungs- und Gestaltungsspielräume selbst bereitstellen muss, die in den neuen Arbeitsorganisationsformen von den Mitarbeitern im Betrieb erwartet werden (Transferproblem B). Dabei zeigt sich, dass bestimmte Aus- und Weiterbildungsmethoden eine größere und andere eine geringere Valenz (Wertigkeit) für die Entwicklung entsprechender Kompetenzen aufweisen (Methodenvalenzproblem).

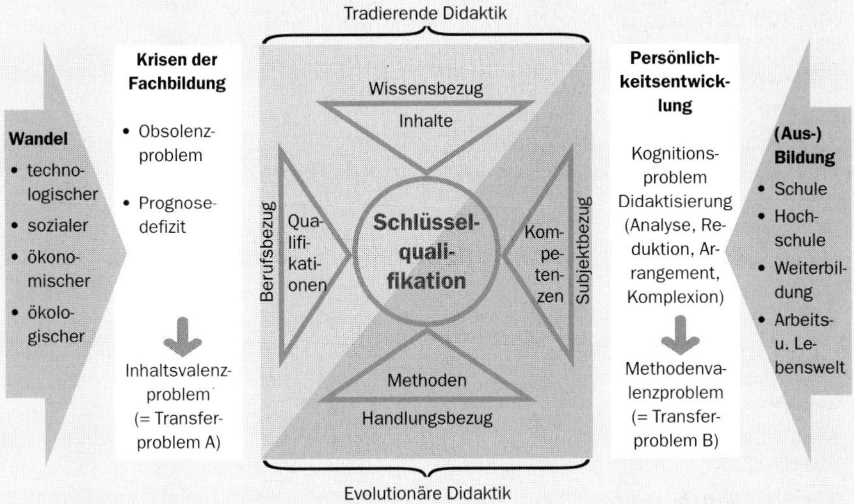

(aus: Arnold 1996)

Lernfragen:

1. Welche Transferchancen werden durch den Hinweis auf die „identischen Elemente" ausgeschlossen, welche ermöglicht?
2. Welche Konsequenzen ergeben sich für die Aus- und Weiterbildungsinstitutionen aus der Erweiterung der „tradierenden" durch den Ansatz einer „evolutionären Didaktik"?
3. Inwieweit können durch diese erweiterte Perspektive das Obsolenz- und das Prognoseproblem gelöst bzw. umgangen werden?

Literaturhinweise:

ARNOLD, R.: Schlüsselqualifikationen – „Fachwissen in der Krise" oder „Erziehung zur Inkompetenz"? In: Seyd, W./ Witt, R. (Hrsg.): Situation – Handlung – Persönlichkeit. Kategorien wirtschaftspädagogischen Denkens. Materialien zur Berufsbildung. Bd. 6. Hamburg 1996, S. 57–70.

DÜRIG, R.: Das Konzept der Schlüsselqualifikationen. Ansätze, Kritik und konstruktivistische Neuorientierung auf der Basis der Erkenntnisse der Wissenspsychologie. Dissertation der Hochschule St. Gallen. Hallstadt 1994.

LAUR-ERNST, U.: Zur Vermittlung berufsübergreifender Qualifikationen. Oder: Warum und wie lernt man abstraktes Denken? In: Berufsbildung in Wissenschaft und Praxis, 6/1983.

REEZ, L./ REIMANN, L. (Hrsg.): Schlüsselqualifikationen. Dokumentation des Symposions in Hamburg „Schlüsselqualifikationen – Fachwissen in der Krise". Hamburg 1990.

WITT, R.: Schlüsselqualifikationen als Inhaltsproblem. In: Reetz/ Reitmann 1990, S. 93–100.

ZABECK, J.: „Schlüsselqualifikationen" – Zur Kritik einer didaktischen Zielformel. In: Wirtschaft und Erziehung, 3/1989, S. 77–86.

21 Welches Bedeutungsspektrum umfasst „Didaktik“?

Das Wort „Didaktik“ stammt vom griechischen Verb „didaskein“ ab und kann sehr verschieden übersetzt und interpretiert werden:

- im aktiven Sinne:
  lehren oder unterrichten,
- im passiven Sinne:
  lernen, belehrt werden oder unterrichtet werden,
- im medialen Sinne:
  aus sich selbst heraus lernen.

Die didaktische Theoriebildung als Steuerungsinstrument des Lernens und Lehrens bezieht sich somit sowohl auf den Bereich didaktischer Handlungsempfehlungen (mit möglichst wissenschaftlich gesicherten und erprobten didaktischen Aussagen) als auch auf den Bereich des didaktischen Handelns (im Sinne der Unterrichtstheorie des Lehrers; vgl. Gudjons u. a., 1986). In einer knappen (aber sehr breiten) Arbeitsdefinition kann Didaktik deshalb umschrieben werden als „Theorie und Praxis des Lernens und Lehrens“ (Jank/Meyer, 1991, 16).
Im Folgenden wird dieses breite Bedeutungsspektrum der Didaktik schrittweise eingegrenzt (vgl. Memmert, 1980, 8):

a) **Didaktik als Wissenschaft vom Lehren und Lernen:** Diese Begriffsbestimmung verweist auf die umfassende Bedeutung der Didaktik, also auch auf außerschulische didaktische Elemente wie etwa Predigt, Poesie, usw.

b) **Didaktik als Wissenschaft vom Unterricht:** (lehr- bzw. lerntheoretische Didaktik) legt zu Grunde, dass Didaktik mit einer geplanten und organisierten Form des Lehrens und Lernens zu tun hat, deren Hauptpraxisfeld eben der Schulunterricht ist.

c) **Didaktik als Theorie der Bildungsinhalte und des Lehrplanes:** Die Einengung auf Inhaltsfragen (geisteswissenschaftliche Didaktik) oder Lehrplantheorie (Curriculumforschung) führt zu einer umständlichen Trennung zwischen „Didaktik im weiteren Sinne“ (die Methodik einschließend) und Didaktik im engeren Sinne (eben als Theorie der Bildungsinhalte); außerdem bekommt dieser Ansatz die gegenseitige Abhängigkeit von Inhalts- und Methodenfragen nur schwer in den Griff.

d) Zu einer fast grotesken Umkehrung des allgemeinen pädagogischen Sprachgebrauchs kommt es in der **kybernetischen Didaktik** (als Wissenschaft von der Verhaltensänderung). Hier sind naturwissenschaftlich überprüfbare Verhaltensänderungen, also methodische Fragen, relevant, die Didaktik genannt werden.

Klafki hat (1985) eine Neufassung seines (ehemals bildungstheoretischen) Didaktikmodells vorgelegt, die **kritisch-konstruktive Didaktik**. Demnach vollzieht sich Unterricht in einem wechselseitigen Verhältnis von Lehren und Lernen in sozialer Interaktion von Lehrenden und Lernenden! Dieses dialektische Verhältnis von Lehren und Lernen ist ein zentraler didaktischer Aspekt, der ein Grundverständnis eines neuen didaktischen Trends markiert.

Bedeutungsspektrum der Didaktik

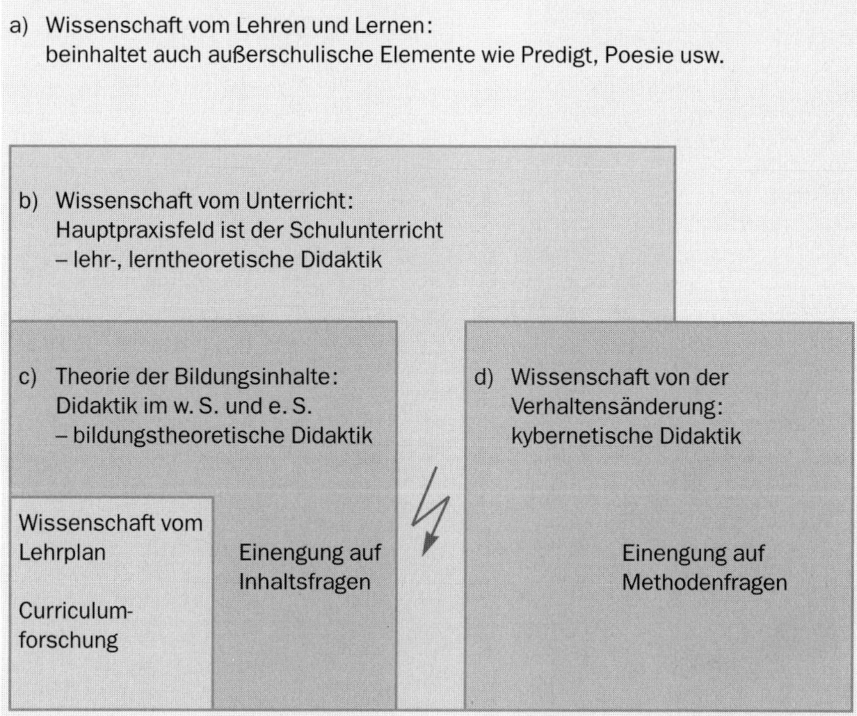

nach W. Memmert: Didaktik in Grafiken und Tabellen. Bad Heilbrunn 1980.

Lernfragen:

1. Auf welche Bereiche bezieht sich die didaktische Theoriebildung?
2. Skizzieren Sie das Bedeutungsspektrum der Didaktik.
3. Was bedeutet kritisch-konstruktive Didaktik?

Literaturhinweise:

GUDJONS, H./TESKE, R./WINKEL, R. (Hrsg.): Didaktische Theorien. Hamburg 1986.

JANK, W./MEYER, H.: Didaktische Modelle, Fankfurt 1991.

KLAFKI, W.: Neue Studien zur Bildungstheorie und Didaktik. Beiträge zur kritisch-konstruktiven Didaktik. Weinheim und Basel 1985.

MEMMERT, W.: Didaktik in Grafiken und Tabellen. Bad Heilbrunn 1980.

22 Welchen didaktischen Trend gibt es in der beruflichen Bildung?

Neuere Didaktikauffassungen in der Berufspädagogik zielen auf berufliche Handlungskompetenz und Persönlichkeitsentwicklung von Berufsschülern und Auszubildenden. Diese Zielstellungen bedingen einen ganzheitlichen Unterricht/eine ganzheitliche Ausbildung mit einer schülerorientierten Lernorganisation und einer Methodenstruktur, die zum konstruktiven Arbeiten, Überlegen und Diskutieren herausfordert, sowie aktivitätsfördernde und Problemlösungsverhalten provozierende Methodenkonzeptionen und Formen des entdeckenden, selbst gesteuerten und kooperierenden Lernens (vgl. Klippert, 1994).
Ganzheitlicher Unterricht/Ausbildung setzt von anderen Didaktikauffassungen abweichende Akzente: Die Lernplanung setzt weder bei der Frage nach dem „Was", d. h. bei Ziel- und Inhaltsentscheidungen, ein noch bei der Unterrichtsstrukturierung aus der Sicht des Lehrers, sondern sie setzt bei jenen Vorgängen ein, die sich beim Lernen in jedem Schüler abspielen, d. h., Unterricht wird vom aktiv handelnden (operierenden) Schüler aus betrachtet. Hauptaufgabe des „Lehrens" ist es, die aktuelle Lernumwelt für den Schüler so zu gestalten, dass er in ihr aktiv werden kann.
Die traditionelle Lehrer- und Ausbilderrolle erfährt einen grundlegenden Wandel: Der Lehrer bzw. Ausbilder ist weniger „Belehrer", sondern Organisator, Moderator und Berater.

Ganzheitliches („offenes") Lernen bezieht sich grundsätzlich auf alle Ebenen des Lernhandelns und ist durch drei grundlegende Merkmale gekennzeichnet (vgl. Tergan, 1992, 466 ff.):

a) **Selbstregulierung und Selbststeuerung** zielen darauf, das eigene Lernverhalten einer ständigen didaktisch-methodischen Selbstkontrolle zu unterziehen – was, wann und wie gelernt wird, bestimmt der Lernende selbst.

b) **Individualisierung der Lerninhalte** strebt danach, durch Selbstregulation eine Anpassung der subjektiven kognitiven und motivationalen Lernvoraussetzungen an die jeweilige Lernumwelt und Lernstruktur zu erreichen.

c) **Kommunikation und Interaktion** sind einerseits darauf angelegt, Hilfestellung und Selbstregulation beim individualisierten Lernen zu ermöglichen, andererseits sind aber dadurch auch sozial kommunikative Lernziele zu erreichen, die den Leitzielen einer „kritisch-konstruktiven Didaktik" (vgl. Klafki, 1985) verpflichtet sind.

Damit wird ein umfassenderer Paradigmenwechsel in der Berufspädagogik markiert: Es geht von der lehrerzentrierten Didaktik mit linearer Vermittlungsstruktur hin zu einer schülerzentrierten Didaktik mit vernetzter Selbstlernstruktur.

Lernfragen:

1. Welche neue Didaktikauffassung bedingt eine ganzheitliche Berufsbildung?
2. Welche Merkmale kennzeichnen „offenes" Lernen?
3. Welchen Paradigmenwechsel markiert ganzheitliches Lernen?

Paradigmenwechsel in der (Berufs-)Pädagogik

Von der lehrerzentrierten Didaktik mit linearer Vermittlungsstruktur zur schülerzentrierten Didaktik mit vernetzter Selbstlernstruktur

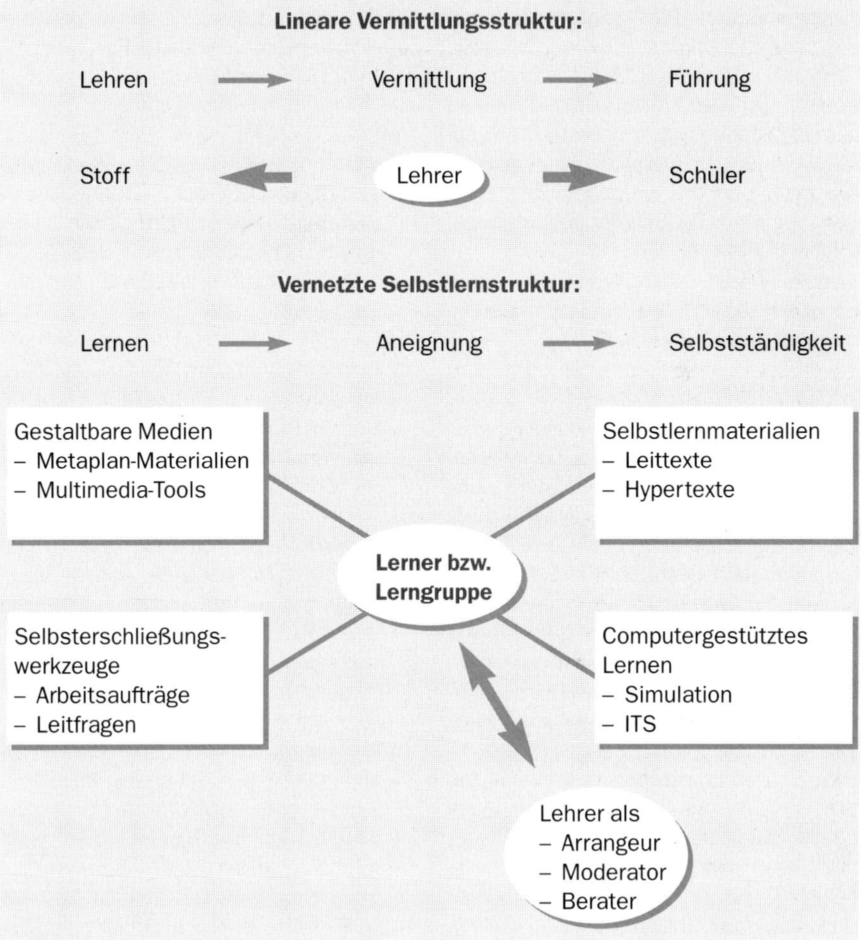

Literaturhinweise:

KLAFKI, W.: Neue Studien zur Bildungstheorie und Didaktik. Beiträge zur kritisch-konstruktiven Didaktik. Weinheim und Basel 1985.

KLIPPERT, H.: Methoden-Training. Übungsbausteine für den Unterricht. Weinheim und Basel 1994.

TERGAN, S.-O.: Wie geeignet sind computerbasierte Lernsysteme für das offene Lernen in der beruflichen Weiterbildung? In: Achtenhagen, F./John, E.G. (Hrsg.): Mehrdimensionale Lehr-Lern-Arrangements – Innovationen in der kaufmännischen Aus- und Weiterbildung. Wiesbaden 1992, S. 460–477.

23 Wie können Unterrichtsmethoden klassifiziert werden?

Unterrichtsmethoden sind folgerichtige, auf einem System von Regeln beruhende lernorganisatorische Maßnahmen, durch die Unterrichtsinhalte vermittelt bzw. Lernziele erreicht werden. Entscheidend ist es, fachspezifische Lernziele so zu vermitteln, dass durch diesen Lernprozess bei den Schülern auch Methodenkompetenz erreicht werden kann. Methodenkompetenz der Schüler bedeutet (vgl. Klippert, 1994, S. 28):

- vertraut sein mit zentralen Makromethoden, wie z. B. Gruppenarbeit, Rollenspiel, Metaplan-Methode usw.,
- Beherrschung elementarer Lern- und Arbeitstechniken, wie z. B. Exzerpieren, Protokollieren, Visualisieren usw.,
- Beherrschung elementarer Gesprächs- und Kooperationstechniken, wie z. B. Gesprächsleitung, Gesprächsführung, Konfliktmanagement usw.

Ein allgemein gültiges Klassifikationsschema für Unterrichtsmethoden ist wohl kaum zu erstellen. Das hier vorgelegte Schema geht von Unterrichtsverfahren als übergeordnetes Klassifikationsmerkmal aus. Unterrichtsverfahren werden im beruflichen Unterricht als praktizierte Lehr- bzw. Lernstrategien bezeichnet, die typische Verlaufsphasen aufweisen und durch eine spezifische Lerneffektivität und didaktische Reichweite gekennzeichnet sind, z. B.: versuchs-, problem- oder projektorientierter Unterricht (vgl. Nr. 34). Wesentliche Aspekte der Unterrichtsmethode sind Aktionsformen, Sozialformen, Lehrverfahren, Unterrichtsformen, Unterrichtsgrundsätze und Medien (vgl. Ott, 1997, S. 124 ff.):

a) **Aktionsformen** heißen die den Unterricht tragenden Tätigkeiten. Diese Äußerungen, Reaktionen und Handlungen des Lehrers und des Schülers sind Mittel zur Erreichung der Unterrichtsziele, z. B. Lehrerfrage oder Impuls.

b) **Sozialformen** bestimmen die organisatorische Seite der Interaktions- und Kommunikationsmöglichkeiten aller am Unterrichtsprozess Beteiligten, z. B. Frontalunterricht, Einzel-, Partner- oder Gruppenarbeit.

c) **Lehrverfahren** beschreiben die logischen Wege der Gedankenführung im Unterricht, z. B. induktives, deduktives, analytisches, synthetisches und genetisches Lehrverfahren.

d) **Unterrichtsformen** beschreiben, wie der Interaktionsprozess zwischen Lehrendem und Lernendem organisiert ist, z. B.: darstellende, erarbeitende und Unterrichtsformen, die entdecken lassen.

e) **Medien** sind Lernhilfen mit unterschiedlichen Funktionen. Im handlungsorientierten Unterricht ist die „aktiv-produktive Medienarbeit“ zentraler Aspekt der Unterrichtsmethode, etwa die Arbeit mit fertigen Medien (z. B. Filme analysieren), Medienproduktion durch die Schüler (z. B. Lernposter erstellen), unfertige Medien vervollständigen (z. B. Schaubilder ergänzen) oder compterunterstütztes Lernen (z. B. PC-Simulation).

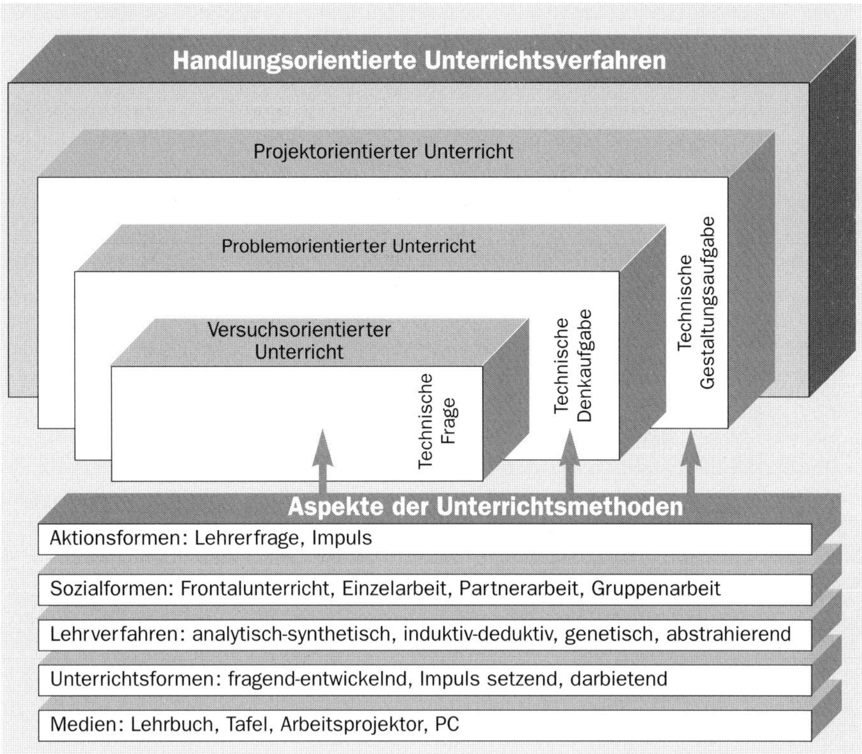

Lernfragen:

1. Wie können Unterrichtsmethoden definiert werden?
2. Was bedeutet Methodenkompetenz bei Schülern?
3. Welche Aspekte bestimmen die Unterrichtsmethode?

Literaturhinweise:

KLIPPERT, H.: Methoden-Training. Übungsbausteine für den Unterricht. Weinheim und Basel 1994.
MEYER, H.: Unterrichtsmethoden. I: Theorieband, II: Praxisband. Frankfurt 1989.
NASHAN, R./OTT, B.: Unterrichtspraxis Metall- und Maschinentechnik. Bonn 1995.
OTT, B.: Grundlagen des beruflichen Lehrens und Lernens. Berlin 1997

24 Welche Curriculum-Strukturen gibt es in der beruflichen Bildung?

Die Revision des Berufsschul-Curriculums hinsichtlich der didaktischen Koordinierung fachspezifischer und übergeordneter Lerninhalte ist eine sehr komplexe Aufgabe. Bei der Inhaltsstrukturierung eines „zeitgemäßen (metalltechnischen) Berufsschul-Curriculums“ orientiert sich Pukas, (1988, 111) an der Fertigungs- und Produktionstechnik (Hauptgruppen der Fertigungsverfahren nach DIN 8580), die er in den sozio-ökonomischen, politischen und kulturellen Kontext stellt.
In einer „Genese curricularer Strukturen der Berufsausbildung“ unterscheidet Lipsmeier (1991, 113 ff.) vier Curriculum-Arten:

1. Das „**Gleichlauf-Curriculum**“, das bereits den Reichslehrplänen unterlegt war und an dem auch nach 1945 zunächst noch festgehalten wurde, ging davon aus, dass die theoretischen Kenntnisse der Berufsschule und die praktischen Fertigkeiten dem Ausbildungsbetrieb eindeutig zuzuordnen seien. Theorie- und Praxis-Curriculum sollten jeweils in Einzelelemente zerlegt werden und diese Lernelemente sollten in Schule und Betrieb gleichlaufend, additiv vermittelt werden.

2. Das „**Abgestimmte Curriculum**“ der 70er-Jahre ging von einer „curricularen Mischzone“ der Lerninhalte aus. Der verbleibende Rest von Theorie und Praxis sollte zwischen Schule, Betrieb und der (damals neu geschaffenen) überbetrieblichen Ausbildungswerkstatt unter dem Aspekt der optimalen Vermittlungsmöglichkeit des jeweiligen Lernortes abgestimmt werden.

3. Das „**Differenz-Curriculum**“ wurde bereits im Berufsbildungsgesetz festgeschrieben und erlangte im Gefolge der Neuordnungsdiskussion (im Gegensatz zu den beiden vorgenannten Arten) auch faktische Bedeutung. Dieser Curriculumtyp geht von der Gesamtverantwortung des Betriebes für die Berufsausbildung aus und weist der Berufsschule lediglich eine curriculare Restfunktion hinsichtlich berufsbezogener und allgemeiner Fächer zu.

4. Das „**Autonome Curriculum**“ ist durch die Verselbstständigung des betrieblichen und schulischen Bildungsauftrages gekennzeichnet. Beide Lernorte legen jeweils theoretische und praktische Lerninhalte in einem Betriebscurriculum und einem Berufsschulcurriculum autonom fest. Das autonome Berufsschulcurriculum ist für einen Gesamtunterricht zu konzipieren, der die allgemeinen und die berufsbezogenen Fächer umfasst, ohne jedoch die Fächerstruktur total aufzulösen. Im curricularen Mittelpunkt steht die berufliche und private Arbeit respektive die industrielle Produktion. Um diesen didaktischen Kern ranken sich die Unterrichtsfächer mit unterschiedlicher didaktischer Ausprägung: Technologie (einschließlich NT), sozialkundlich-politischer Unterricht (einschließlich Wirtschaftskunde), Technische Kommunikation, Sprachen, Religion und Sport.

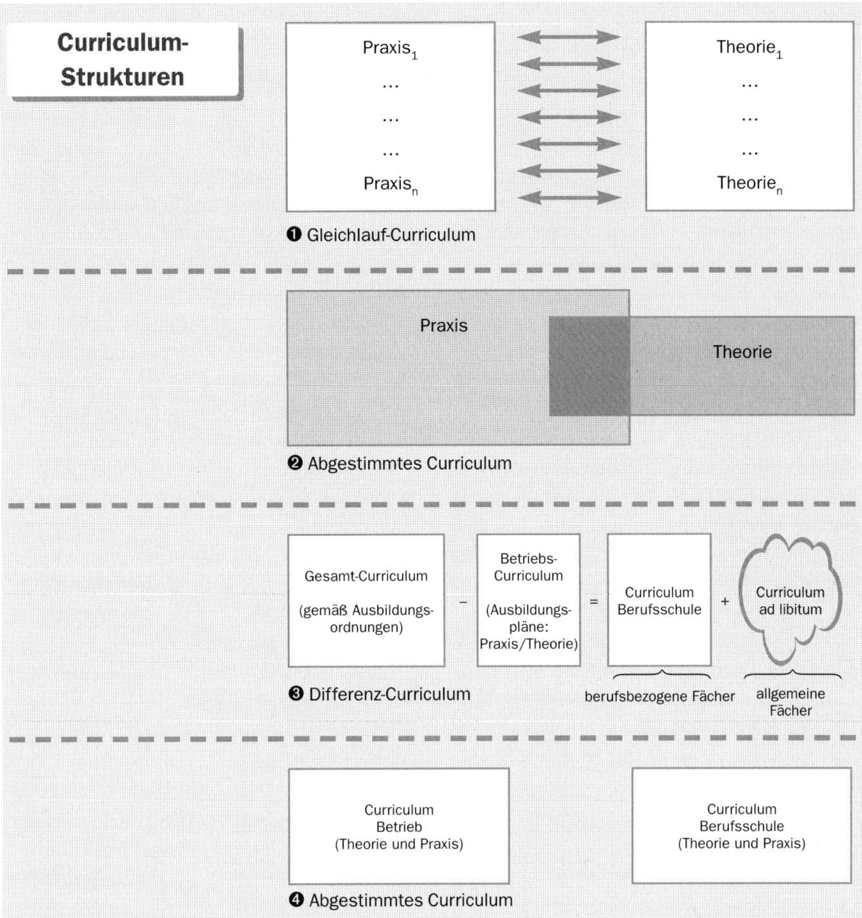

nach Lipsmeier: In: Bonz, B./Lipsmeier, A.: Computer und Berufsbildung. Stuttgart 1991, S. 113 f.

Lernfragen:

1. Wie kann ein zeitgemäßes Curriculum strukturiert werden?
2. Welche „curricularen Strukturen der Berufsausbildung“ gibt es?
3. Wie kann ein „autonomes Berufsschul-Curriculum“ konzipiert werden?

Literaturhinweise:

LIPSMEIER, A.: Ganzheitlichkeit, Handlungsorientierung und Schlüsselqualifikationen. Über den berufspädagogischen Gehalt der neuen Zielgrößen für die berufliche Bildung im Kontext der neuen Technologien. In: Bonz, B./Lipsmeier, A.: Computer und Berufsbildung. Beiträge zur Didaktik neuer Technologien in der gewerblich-technischen Berufsausbildung. Stuttgart 1991 a, S. 103–124.

PUKAS, D.: Die gewerbliche Berufsschule der Fachrichtung Metalltechnik: Ihre Entstehung um die Jahrhundertwende und ihre Entwicklung bis zur Gegenwart. Darmstädter Beiträge zur Berufspädagogik, Bd. 10, hrsg. von G. Grüner, Alsbach 1988.

25 Was bedeutet ganzheitliche Berufsbildung?

Ziel einer ganzheitlichen beruflichen Bildung ist es, den Auszubildenden eine Handlungskompetenz zu vermitteln, bei der die fachliche und allgemeine (soziale, ethische und politische) sowie die praktische und theoretische Dimension gleichermaßen integriert sind. Demnach ist ganzheitliche Berufsbildung eine Symbiose aus beruflicher Handlungskompetenz und Persönlichkeitsentwicklung (vgl. Ott, 1995, 49 ff.).

Berufliche Handlungskompetenz ist ein unstrittiges Ziel der beruflichen Bildung. Bisher war berufliche Handlungskompetenz gleichbedeutend mit rein fachlicher Qualifikation, vermittelbar durch Kenntnisse und Fertigkeiten. Dieser Anspruch ist jedoch für die heutige Berufs(aus)bildung alleine nicht mehr hinreichend. Berufliche Handlungskompetenz bedeutet heute neben gestiegenen kognitiven Ansprüchen vor allem eine deutlich ausgeprägte personale und methodische Kompetenz, vermittelbar durch so genannte Schlüsselqualifikationen materialer, formaler und sozialer Art wie z. B. Kommunikations- und Kooperationsfähigkeit, Beherrschung von Lern- und Arbeitstechniken oder Entscheidungs- und Gestaltungsfähigkeit (vgl. Arnold, 1994, 142 ff.).

Berufliche Handlungskompetenz ist zur Erklärung ganzheitlicher Berufsbildung zwar notwendig, aber aus berufspädagogischer Sicht noch nicht hinreichend. Zur beruflichen Handlungskompetenz muss noch die individuelle bzw. humane Kompetenz hinzukommen – als Voraussetzung für **Persönlichkeitsentwicklung**, denn berufliche Bildung soll ja nicht nur in der Berufs- und Arbeitswelt, sondern auch im gesellschaftspolitischen und im privaten Bereich befähigen, selbstständig und eigenverantwortlich zu wirken.

Dazu gehört einerseits, sich auf technische, ökonomische und arbeitsorganisatorische Entwicklungen flexibel einzustellen, andererseits aber auch die Bereitschaft, sich auf Werte einzurichten und Verantwortung zu übernehmen. Lipsmeier hat (1982) diesen umfassenden Zielhorizont mit „berufliche Mündigkeit" umschrieben: *„Berufliche Mündigkeit bedeutet aus berufspädagogischer Sicht einmal – im engeren Sinne – berufliche Autonomie als Summe der Qualifikationen, die erforderlich sind, um sich im Erwerbsleben nach vorgegebenen Leistungsnormen zu bewähren und gleichzeitig diese Normen in Frage stellen zu können, zum anderen – im weiteren Sinne – umschließt der Begriff »Mündigkeit des Menschen« Selbstreflexion und Reflexion gesellschaftlicher Strukturen und Prozesse mit den Zielen, verinnerlichte Zwänge auflösbar zu machen, den Verhaltensspielraum des Einzelnen zu erweitern, Gegebenheiten, die einer solchen Entfaltung entgegenstehen, als veränderbar begreifbar zu machen und den Menschen zu befähigen, rational zu denken und zu handeln."* (Lipsmeier, 1982, 233)

Strukturmerkmale ganzheitlicher Berufsbildung

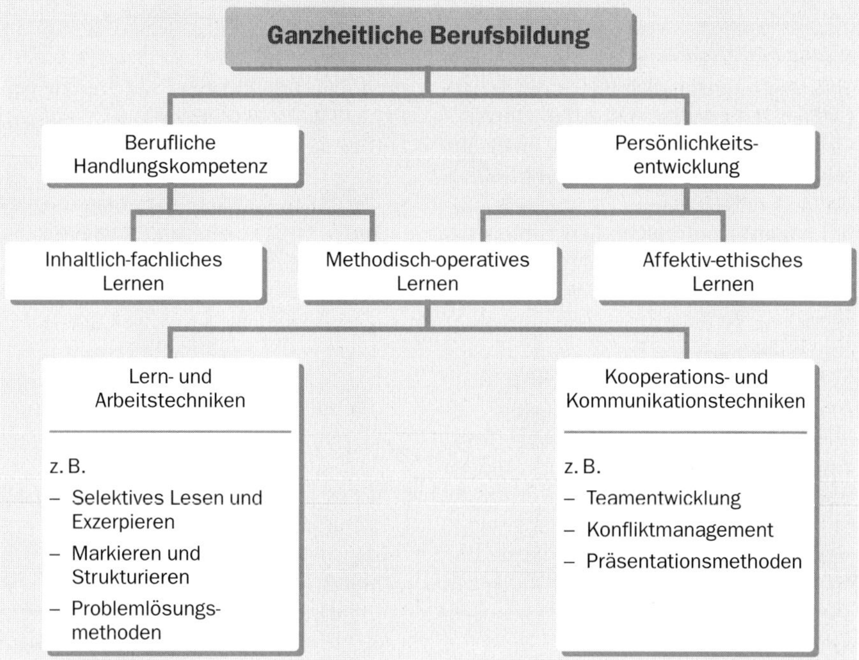

Lernfragen:

1. Was ist das Ziel einer ganzheitlichen beruflichen Bildung?
2. Warum ist der Anspruch konventioneller Berufs(aus)bildung für die heutigen Berufsanforderungen nicht mehr hinreichend?
3. Welche Zielaspekte erfasst die „Persönlichkeitsentwicklung" bzw. die „berufliche Mündigkeit"?

Literaturhinweise:

ARNOLD, R.: Berufsbildung. Annäherungen an eine evolutionäre Berufsbildung. Hohengehren 1994.

LIPSMEIER, A.: Die didaktische Struktur des beruflichen Bildungswesens. In: Blankertz, H. u. a. (Hrsg.): Sekundarstufe II – Jugendbildung zwischen Schule und Beruf. Enzyklopädie Erziehungswissenschaft. Bd. 9.1, Stuttgart 1982, S. 227–249.

OTT, B.: Ganzheitliche Berufsbildung. Theorie und Praxis handlungsorientierter Techniklehre in Schule und Betrieb. Stuttgart 1995.

26 Was bedeutet ganzheitliches Lernen?

Analog der ganzheitlichen Berufsbildung wird auch ganzheitliches Lernen grundsätzlich von zwei Lernbereichen geprägt, dem kognitiv-motorischen (objektbezogenen) Lernbereich und dem psycho-sozialen (subjektbezogenen) Lernbereich.
Der **kognitiv-motorische Lernbereich** betont die Inhalte und Verfahren zukunftsbedeutsamer Handlungssituationen. Zielaspekt ist die Sach- bzw. Fachkompetenz der Schüler, d. h. die Befähigung zum zielgerichteten, effektiven und selbstständigen Arbeiten (vgl. § 1 Abs. 2 BBiG).
Der **psycho-soziale Lernbereich** erfasst die affektiv-ethische Seite ganzheitlichen Lernens. Zielaspekt ist die Persönlichkeitsentwicklung der Schüler zur Entwicklung des eigenen Urteilsvermögens (einschließlich Selbstkritik) und Einübung des sozialen Verhaltens und politischen Handelns (vgl. Meyer, 1987, 105).
Beide Lernbereiche durchdringen und ergänzen sich (in der gemeinsamen Schnittmenge) zum methodisch-operativen Lernen – dessen Weg und Ziel ist es, das „Lernen zu lernen"! Die kognitiv-motorische Komponente (methodisch-problemlösendes Lernen) bilden Lern- und Arbeitstechniken, die psycho-soziale Komponente (sozial-kommunikatives Lernen) bezieht sich auf Kooperations- und Kommunikationstechniken.

Ganzheitliches Lernen basiert auf einer ganzheitlichen Inhaltsstrukturierung (vgl. Pahl, 1989) und bezieht sich auf vier Lernarten (vgl. Ott, 1994, 199 ff.):

a) **Inhaltlich-fachliches Lernen** bezieht sich auf die kognitiven Fähigkeiten und motorischen Fertigkeiten, die durch die neuen Ausbildungsordnungen festgeschrieben sind – es zielt auf das Erreichen von **Fachkompetenz**.

b) **Methodisch-problemlösendes Lernen** bezieht sich auf die Aneignung grundlegender Lern- und Arbeitstechniken – es zielt auf das Erreichen von **Methodenkompetenz**.

c) **Sozial-kommunikatives Lernen** bezieht sich auf die Aneignung grundlegender Kooperations- und Kommunikationstechniken – es zielt auf das Erreichen von **Sozialkompetenz**.

d) **Affektiv-ethisches Lernen** bezieht sich auf den Umgang mit sich selbst. Seine Intentionen liegen im Selbsterkennen, im eigenverantwortlichen (sozialen und politischen) Handeln, im Aufbau eigener Interessenfelder und Lebenspläne – es zielt auf das Erreichen von **Individualkompetenz**.

Lernfragen:

1. Von welchen Lernbereichen wird ganzheitliches Lernen geprägt?
2. Welche Lerninhalte erfasst das methodisch-operative Lernen?
3. Auf welche Lernarten bezieht sich ganzheitliches Lernen?

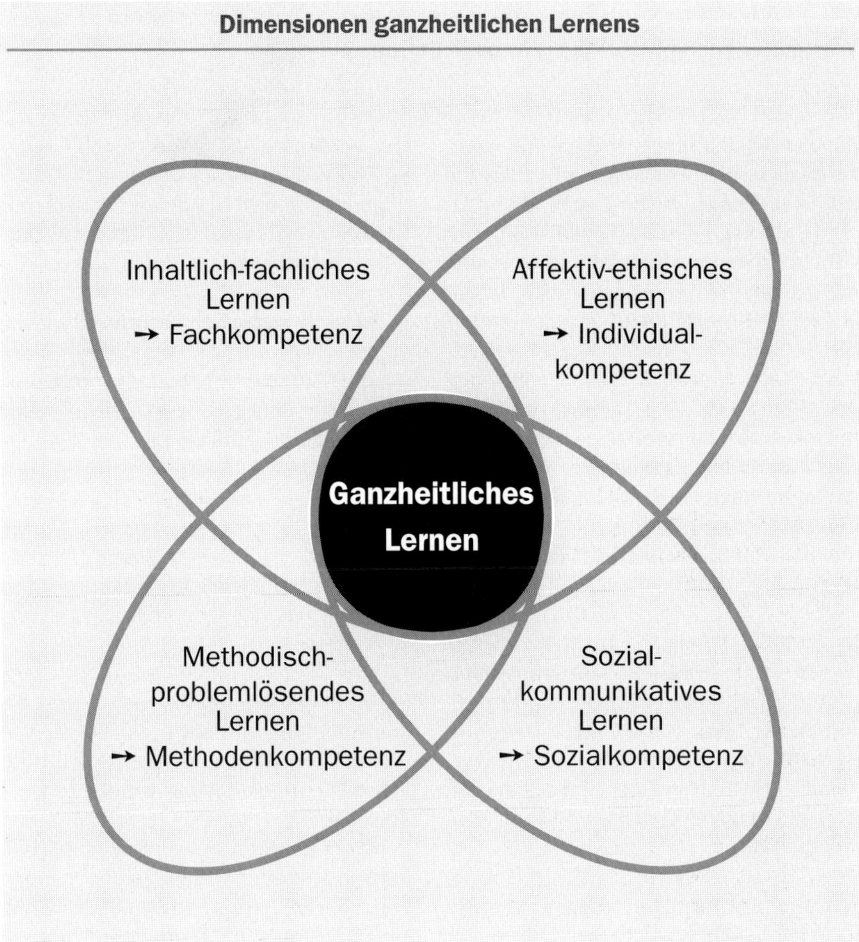

Literaturhinweise:

MEYER, H.: Unterrichtsmethoden I: Theorieband. Frankfurt 1987.

OTT, B.: Ganzheitliches Lernen in der technischen Berufsausbildung. Ein lernpsychologisches Strukturmodell. In: BbSch, 46 (1994) 6, S. 199–204.

PAHL, J.-P.: Ganzheitliche Inhaltsstrukturierung auf der Basis des technikdidaktischen Ansatzes. Wetzlar 1989.

27 Welche Lernziele verfolgt ganzheitliches Lernen?

Zur Vermittlung rein fachlicher Kenntnisse genügte die Formulierung fachspezifischer Lernziele, die mit zunehmendem Abstraktionsgrad nach Feinziel – Grobziel – Richtziel geordnet werden. Diese eindimensionale Lernzielklassifikation bedarf im ganzheitlichen Berufsschulunterricht einer Erweiterung, um auch fachübergreifende Lernziele zu erfassen (vgl. Nashan/Ott, 1988, 243 ff.). Die zweite Dimension des Lernzielfeldes klassifiziert Lernziele mit zunehmendem Allgemeinheitsgrad nach inhaltlich-fachlichen, methodisch-problemlösenden, sozial-kommunikativen und affektiv-ethischen Lernzielen:

a) **Inhaltlich-fachliche Lernziele** erfassen fachbezogenes Funktionswissen und bilden die Fachkompetenz des Lernenden. Konkretisiert werden diese Inhalte durch fachpraktische Lernziele, die unter Einbeziehung des selbstständigen Planens, Durchführens und Kontrollierens zu vermitteln sind.

b) **Methodisch-problemlösende Lernziele** intendieren Lernprozesse, die einen eigenständigen Erwerb von Wissen und Erkenntnissen ermöglichen. Diese prozess- und verfahrensbezogenen Ziele umfassen im ganzheitlichen Unterricht z. B. Ziele über Verfahren des Problemlösens, des Experimentierens und zum selbstständigen Lernen und Arbeiten (Lern- und Arbeitstechniken).

c) **Sozial-kommunikative Lernziele** beschreiben elementare Kooperations- und Kommunikationstechniken, z. B.: Geprächsregeln beherrschen, Teamentwicklung/Gruppenarbeit, Konfliktmanagement, Präsentationstechniken, Diskussion, Debatte u. freie Rede (vgl. Klippert, 1995).

d) **Affektiv-ethische Lernziele** weisen auf Fähigkeiten zur Selbstbestimmung und Selbstverwirklichung hin. Sie sind auf die Entwicklung von Urteils- und Entscheidungsfähigkeit in allgemeinen Lebenssituationen gerichtet und beinhalten gesellschaftlich anerkannte Wertvorstellungen und Handlungsnormen (vgl. Mayer, 1979, 327), z. B.: politische, soziale und ökonomische Werte, ästhetische, moralische und religiöse Werte.

In der Unterrichtspraxis hat es sich als sinnvoll erwiesen, wenn der Lehrer von den im Lehrplan vorformulierten (verbindlichen) Grobzielen A1 zunächst die fachspezifischen Feinziele A2 ableitet und dann entscheidet, welche überfachlichen Lernziele, methodisch-problemlösende Lernziele B2, sozial-kommunikative Lernziele C2 und affektiv-ethische Lernziele D2, er in der jeweiligen Unterrichtsstunde anstreben will.
Da überfachliche Lernziele eher „prozessualen Charakter" haben, d. h., dass sie in der Regel kaum in einer Unterrichtsstunde erreicht werden können, ist es sinnvoll, sie auch auf der Grobzielebene (B1, C1 und D1) und der Richtzielebene (B0, C0 und D0) festzuschreiben, weil damit Transparenz im Hinblick auf die Gesamtabsichten des Faches gewonnen wird.

Das Lernzielfeld

Lernzielarten	Inhaltlich-fachliche Lernziele	Methodisch-problem-lösende Lernziele	Sozialkom-munikative Lernziele	Affektiv-ethische Lernziele
Richtziele	A_0	B_0	C_0	D_0
Grobziele	A_1	B_1	C_1	D_1
Feinziele	A_2	B_2	C_2	D_2

Lernzielkategorie: **Abstraktionsgrad**

Lernzielkategorie: **Allgemeinheitsgrad**

Lernfragen:

1. Auf welche Dimensionen bezieht sich das Lernzielfeld?
2. Beschreiben Sie die Lernzielarten des Lernzielfeldes.
3. Beschreiben Sie die Vorgehensweise bei der ganzheitlichen Lernzielplanung.

Literaturhinweise:

KLIPPERT, H.: Kommunikationstraining. Weinheim und Basel 1995.

MAYER, J. A.: Werte und Ziele im Unterricht, In: Erziehungswissenschaft und Beruf, 27 (3), 1979, S. 319–330.

NASHAN, R./OTT, B.: Neue Berufe – neue Anforderungen: Technik-Unterricht an berufsbildenden Schulen muss berufliche und berufsübergreifende Qualifikationen vermitteln – Eine Lernzielplanung am Beispiel „Kleben“, In: ZBW, Heft 3/1988, S. 243–254.

28 Welches Lernplanungsmodell liegt dem ganzheitlichen Lernen zu Grunde?

Im Rahmen des ganzheitlichen Lernens gilt es, die Forderungen nach Selbstständigkeit, Selbstbestimmung und Selbstverantwortung der Schüler (vgl. Schulz, 1990, 34 ff.) handlungsorientiert zu verwirklichen.
Denn **Lernen** ist ein im Individuum ablaufender Vorgang, der durch aktuelle Ereignisse im Schüler ausgelöst wird und der zu dauerhaften Folgen beim Lerner führt. Demnach geht auch die Lernplanung immer vom aktiv handelnden (operierenden) Schüler aus. Hauptintention ist es, den Lernenden dazu zu bringen, dass er mittels eigenem Verhalten genau jene aktuellen Ergebnisse in sich aufbaut, deren dauerhafte Folgen angestrebt werden.
Hauptaufgabe des **Lehrens** ist es, die aktuelle Lernumwelt für den Schüler so zu gestalten, dass er in ihr aktiv werden kann. Dies geschieht unter der Beachtung zentraler Dimensionen menschlichen Lernens – der motivationalen Dimension, der Inhaltsdimension und der Verhaltensdimension. Motivierung, Informationen und Operationen (im Bereich des Aktuellen) müssen im Unterricht in Motivstrukturen, Wissensstrukturen und Fähigkeitsstrukturen (in den Bereich des Dauerhaften) überführt werden.

Die Lernplanung muss daher

- zum einen die **Wissensstruktur** ermitteln, die erworben werden soll (Inhaltsdimension),
- zum anderen die **Fähigkeitsstruktur** erfassen, die für den Aufbau der Wissensstruktur erforderlich ist (Verhaltensdimension),
- und schließlich die **Motivstruktur** als den personalen Aspekt des menschlichen Lernens berücksichtigen (motivationale Dimension), denn Lernen ist nicht nur unaufhebbar mit dem eigenen Tun verbunden (operativer Aspekt), sondern auch immer auf die eigene Stellung in der Welt bezogen (Persönlichkeitsaspekt).

Bei der Planung und Analyse von ganzheitlichem Unterricht lassen sich drei Leitfragen formulieren, die in gegenläufiger Abfolge zu bearbeiten sind (vgl. Straka, 1984, 656 ff.):

1. Welche dauerhaften internalen Strukturen sind angestrebt bzw. wurden aufgebaut – Wissensstrukturen, Fähigkeitsstrukturen, Motivstrukturen?

2. Welche aktuellen Lernereignisse führen bzw. führten zu den intendierten dauerhaften Strukturen – Informationen, Operationen, Motivationen?

3. Welche Umgebungsbedingungen sind bzw. waren geeignet, bei jedem Lernenden die notwendigen Lernereignisse auszulösen – Lernaufgaben, Lehrtätigkeit, Medien, Sozialformen?

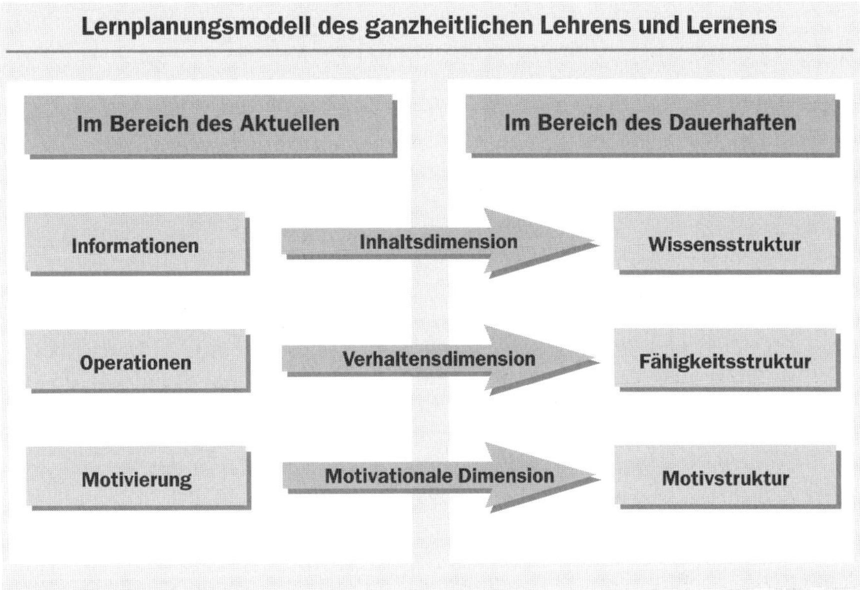

Lernfragen:

1. Was ist der Ausgangspunkt bei der ganzheitlichen Lernplanung?
2. Welche Aufgaben hat die ganzheitliche Lernplanung?
3. Welche Leitfragen helfen bei der ganzheitlichen Lernplanung?

Literaturhinweise:

SCHULZ, W.: Selbstständigkeit – Selbstbestimmung – Selbstverantwortung. In: Pädagogische Beiträge, Themenheft „Lernziel: Selbstständigkeit" der Zeitschrift Pädagogik, Heft 6/1990, S. 34–40.
STRAKA, G.: Beruflicher Unterricht auf lehr-lerntheoretischer Grundlage. In: Die berufsbildende Schule, 11/1984, S. 656–665.

29 Was bedeutet CUL – Computerunterstütztes Lernen?

Die Bezeichnung Computerunterstütztes Lernen (CUL) bzw. „Computer aided learning“ (CAL) wird für die unterschiedlichsten Anwendungen verwendet. Der Bogen spannt sich von Computerspielen über Lernprogramme bis hin zu „Virtual Reality“. Demnach bedeutet CUL jede Art von Lernen, die mit Hilfe einer Hard- und Software-Anordnung zu Stande kommt und die explizit für Lehr- und Lernzwecke entwickelt wurde. CUL steht so als Sammelbegriff für eine Vielzahl methodenkonzeptioneller Varianten (vgl. Euler, 1992, 17 ff.):

1. **Tutorielle Unterweisung:**
   Dargebotene Lerninhalte werden durch Verständnisfragen abgesichert und von der Lernsoftware analysiert. Die Arbeitsergebnisse des Lernenden können gespeichert und am Ende im Rahmen der Lernerfolgskontrolle verwendet werden.

2. **Übungsprogramme:**
   Sie dienen vornehmlich der Einübung und Festigung bereits vorhandenen Wissens. Aus einem Aufgabenpool werden dem Lerner Fragen (mit unterschiedlichem Schwierigkeitsgrad) präsentiert und seine Antwort wird analysiert.

3. **Simulation:**
   Durch Intervention des Lerners wird das Lernsystem jeweils in einen neuen Zustand versetzt – dabei ist zwischen Entscheidungs-, Verhaltens- und Anwendungssimulationen zu unterscheiden.

4. **Hypertext und Hypermedia:**
   Hypertexte brechen die lineare Struktur eines Leittextes auf, indem sie einzelne Worte bzw. Textpassagen in Beziehungen zu anderen Texten setzen. Hypermedia-Systeme beziehen auch andere Medien (Bild, Ton und Film), die man unter dem Sammelbegriff Multimedia zusammenfasst, in das Lernsystem mit ein. Demzufolge wird Hypermedia mitunter auch als eine Kombination aus Hypertext und Multimedia definiert (vgl. Schoop u. a., 1992, 35).

5. **Intelligente tutorielle Lernsysteme:**
   Sie beanspruchen im Dialog mit dem Lerner das jeweils notwendige Lernangebot mit dem Wissen eines Experten bereitzustellen, um so eine vollständige Simulation menschlichen Lernens zu erreichen.

Anmerkung:
Eine gesicherte und allgemein gültige Bewertung über die „Wirkungen“ von multimedialen Lernarrangements und Lernumgebungen ist wegen der Komplexität von Lernprozessen grundsätzlich nicht möglich. Allerdings muss CUL immer im umfassenderen Kontext des ganzheitlichen Lernens diskutiert werden und deshalb grundlegende Aspekte des „ganzheitlichen“ Lernens und der Problemlösungskompetenz beachten (vgl. Nr. 30):
a) Wissensstruktur,
b) Problemlösungsstruktur,
c) Selbstreflexionsstruktur.

Verwirklichungsmöglichkeiten: – schwach bis gar nicht o eingeschränkt + gut bis sehr gut	Wissens-struktur	Problem-lösungs-struktur	Selbst-reflexions-struktur
1. Tutorielle Unterweisung	+	0	0
2. Übungsprogramme	+	–	–
3. Simulation	+	+	0
4. Hypertext und Hypermedia	+	+	+
5. Intelligente tutorielle Systeme	+	0	0

Lernfragen:

1. Welche CUL-Varianten sind nach Ihrer Meinung für die berufliche Bildung besonders wichtig?
2. Welche grundlegenden Aspekte des „ganzheitlichen Lernens“ sind beim CUL zu beachten?
3. Diskutieren Sie anhand der vorstehenden Tabelle die unterschiedlichen CUL-Varianten im Hinblick auf das Erreichen von Probelmlösungskompetenz (vgl. Nr. 30).

Literaturhinweise:

EULER, D.: Didaktik des computerunterstützten Lernens: praktische Gestaltung und theoretische Grundlagen. Nürnberg, 1992.

SCHOOP, E./POHL, Ch./SONNTAG, R.: Die Hermes-CD – Betriebswirtschaftslehre als Hypermedia-Informationssystem. In: Dette, K./Pahl, P.J. (Hrsg.): Multimedia, Vernetzung und Software für die Lehre. Reihe Mikrocomputer-Forum für Bildung und Wissenschaft, Band 4, Berlin, Heidelberg, New York 1992, S. 33–40.

TERGAN, S.-O.: Wie geeignet sind computerbasierte Lernsysteme für das offene Lernen in der beruflichen Weiterbildung? In: Achtenhagen, F./John, E.G. (Hrsg.): Mehrdimensionale Lehr-Lern-Arrangements – Innovationen in der kaufmännischen Aus- und Weiterbildung. Wiesbaden 1992, S. 460–477.

30 Was bedeutet Problemlösungskompetenz?

Problemlösen bedeutet das Überwinden einer Barriere, der sich der Schüler gegenübersieht. Das erfolgreiche Überwinden dieses Hindernisses als zielgerichtete Aktivität entspricht den Kriterien einer vollständigen Handlung (Planen, Durchführen und Kontrollieren). Fehlt diese Barriere, kann man von einer Aufgabe im engeren Sinne sprechen.

Zur Aufgabenlösung genügt **epistemisches Wissen**, denn zur Lösungsfindung werden lediglich bekannte elementare Operatoren zusammengefügt.

Eine Problemlösung erfordert dagegen zwingend zusätzliches **heuristisches Wissen**, da die zur Zielerreichung notwendigen Operatoren erst noch erworben werden müssen (vgl. Anderson, 1988). Zur Förderung des Problemlösens ist die Entwicklung heuristischer Regeln unabdingbar (vgl. Bromme/Hömberg, 1977):

- Regeln für die Problemanalyse und die Planung des Vorgehens,
- Regeln für das Aufstellen von Lösungshypothesen,
- Regeln für die Prüfung von Lösungshypothesen,
- Regeln für die Überprüfung der Problemlösung.

Beim Problemlösen besteht eine enge Wechselwirkung zwischen heuristischem und epistemischem Wissen. Beide Wissensbereiche sind nicht statisch aufeinander bezogen, sondern sie verändern und erweitern sich durch das Kreieren des Problemlösungsprozesses. Aus dieser dynamischen Verbindung epistemischer (deklarativer) und heuristischer (prozeduraler) Kompetenzen erwächst die **Problemlösungskompetenz**, verstanden als Selbstreflexion zur Kontrolle des problemlösenden Denkens (Metakognition) und des eigenen Tuns (vgl. Kluwe, 1982; Dörner, 1982). Selbstreflexion ist nach Dörner (1982, 145) „ein sowohl mächtiges wie einfach zu erlernendes Instrument zur Verbesserung der Problemlösefähigkeit“. Selbstreflexion wird durch „exekutive Prozesse“ (Kluwe, 1982, 126) induziert, sie umfassen die Kontrolle und Steuerung des eigenen Problemlösens:

- **Kontrollprozesse** beziehen sich auf die Identifikation, Prüfung, Bewertung und Prognose bei der Problemlösung:
  - Identifikation:
    Was tue ich eigentlich?
  - Prüfung:
    Habe ich die Aufgabe richtig verstanden?
  - Bewertung:
    Ist es gut, was ich hier tue?
  - Prognose:
    Was kann eintreten, wenn ich so fortfahre?

- **Steuerungsprozesse** beziehen sich auf den Gegenstand, die Aufmerksamkeit, die Intensität und Geschwindigkeit bei der Informationsverarbeitung:
  - Gegenstand:
    Was ist wichtig?
  - Aufmerksamkeit:
    Beachte ich alle wesentliche Dinge?
  - Intensität:
    Gibt es noch andere Lösungswege?
  - Geschwindigkeit:
    Arbeite ich zu schnell/zu langsam?

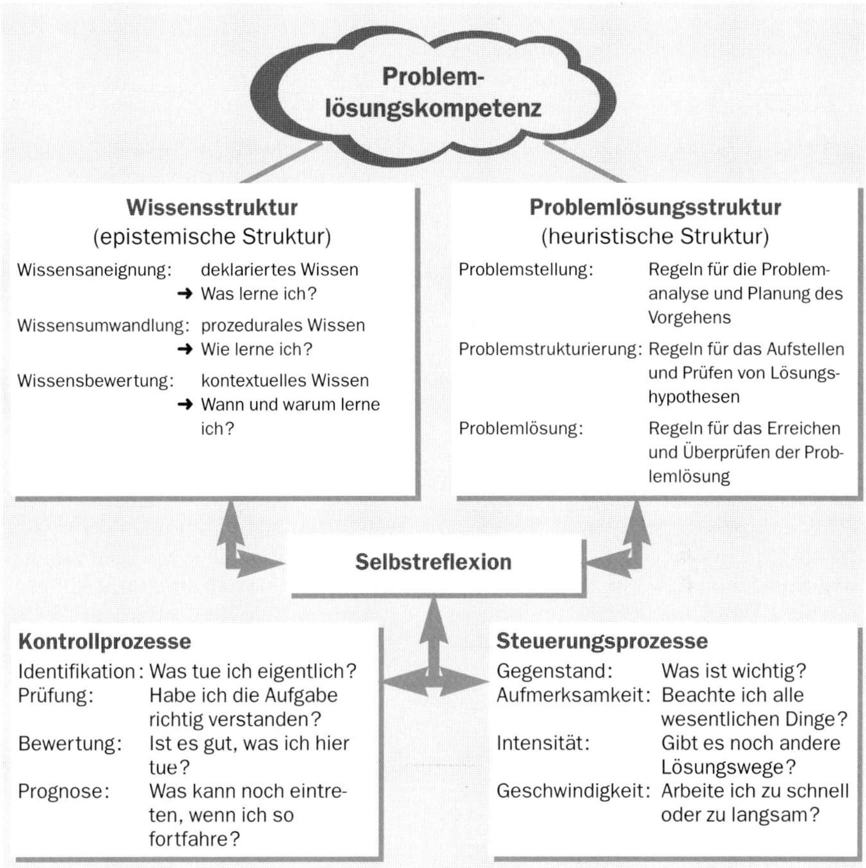

Lernfragen:

1. Welcher Unterschied besteht zwischen Aufgabenlösung und Problemlösung?
2. Erklären Sie den Begriff „Problemlösungskompetenz".
3. In welcher Beziehung stehen „Selbstreflexion" und „Problemlösefähigkeit"?

Literaturhinweise:

ANDERSON, J. R.: Kognitive Psychologie. Eine Einführung. Heidelberg 1988.

BROMME, R./HÖMBERG, E.: Psychologie und Heuristik. In: Stadler, M. (Hrsg.): Psychologie und Gesellschaft, Bd. 2, Darmstadt 1977, S. 7–25.

DÖRNER, D.: Lernen des Wissens- und Kompetenzerwerbs. In: Treiber, B./Weinert, F. (Hrsg.): Lehr-Lern-Forschung, München/Wien/Baltimore 1982, S. 134–148.

KLUWE, R.: Kontrolle des eigenen Denkens und Unterricht. In: Treiber, B./Weinert, F. (Hrsg.): Lehr–Lern–Forschung, München/Wien/Baltimore 1982, S. 113–133.

31 Wie ist Handlungslernen strukturiert?

„Handlungsorientierter Unterricht ist ein ganzheitlicher und schüleraktiver Unterricht, in dem die zwischen dem Lehrer und den Schülern vereinbarten Handlungsprodukte die Organisation des Unterrichtsprozesses leiten, sodass Kopf- und Handarbeit der Schüler in ein ausgewogenes Verhältnis zueinander gebracht werden“ (Meyer, 1989, 402). Primäres Kennzeichen des Handlungslernens ist es demnach, wie Wissen und Fertigkeiten, also spezifische Kompetenzen, erworben werden. Handeln ist immer bewusst und zielgerichtet und besteht aus den Schritten Zielbildung, Planen, Ausführen und Kontrollieren/Bewerten, die in zyklischer Struktur (ggf. mehrfach) durchlaufen werden.

Daran orientiert sich auch die grundlegende didaktisch-methodische Struktur des Handlungslernens (vgl. Nashan/Ott, 1990, 106 f.):

- **Problem- und Zielstellung,** mit Beschreibung der Lern- und Arbeitsaufgaben, Bedingungen und Anforderungen an das zu gestaltende System („Pflichtenheft“);
- **Problemstrukturierung,** mit Festlegung der Funktionsstruktur, des Wirkprinzips, des Arbeitszieles und Planung der Problemlösung durch die Schüler (einschließlich der „Zeit- und Kompetenzplanung“);
- **Ausführung,** mit Gestaltung, Kontrolle, Konstruktion (und eventueller Fertigung) des Systems („Handlungsprodukt“) durch die Schüler;
- **Auswertung und Beurteilung** des gestalteten Systems, mit Rückblick auf den Gestaltungs- und Kooperationsprozess (Feedback-Phase) und Abschätzung möglicher Technikfolgen unter technologischer, ökologischer, ökonomischer, politisch-sozialer und geistig-normativer Perspektive.

Der Problemlösungsprozess erfolgt in „Lernschleifen“ mit vier „Lernsituationen“ (vgl. Arnold/Müller, 1993, 325 ff.):

a) **Auftrags-Übergabe-Situation:** Das Arbeitsziel wird in einem „Lernvertrag“ (Zielvereinbarung, Kompetenz- und Zeitplan) formuliert und präzisiert.
b) **Selbstständig-produktive-Erarbeitung:** Die Schüler lösen (vorzugsweise in Gruppenarbeit) das Problem nach dem Prinzip der „methodischen Selbstwahl“.
c) **Präsentations-Situation:** Die Schüler stellen ihre Arbeitsergebnisse und den Problemlösungsweg vor.
d) **Besprechungs-Situation:** Die Schüler analysieren den (sozio-)technischen Gestaltungsprozess unter den vorgenannten Perspektiven. Sie reflektieren aber auch den Problemlösungsprozess unter gruppendynamischen Gesichtspunkten.

Lernfragen:

1. Definieren Sie den Begriff „Handlungsorientierter Unterricht“.
2. Beschreiben Sie die grundlegende didaktisch-methodische Struktur des Handlungslernens.
3. Welche Lernsituationen kennzeichnen die handlungsorientierte Lern- und Reflexionsschleife?

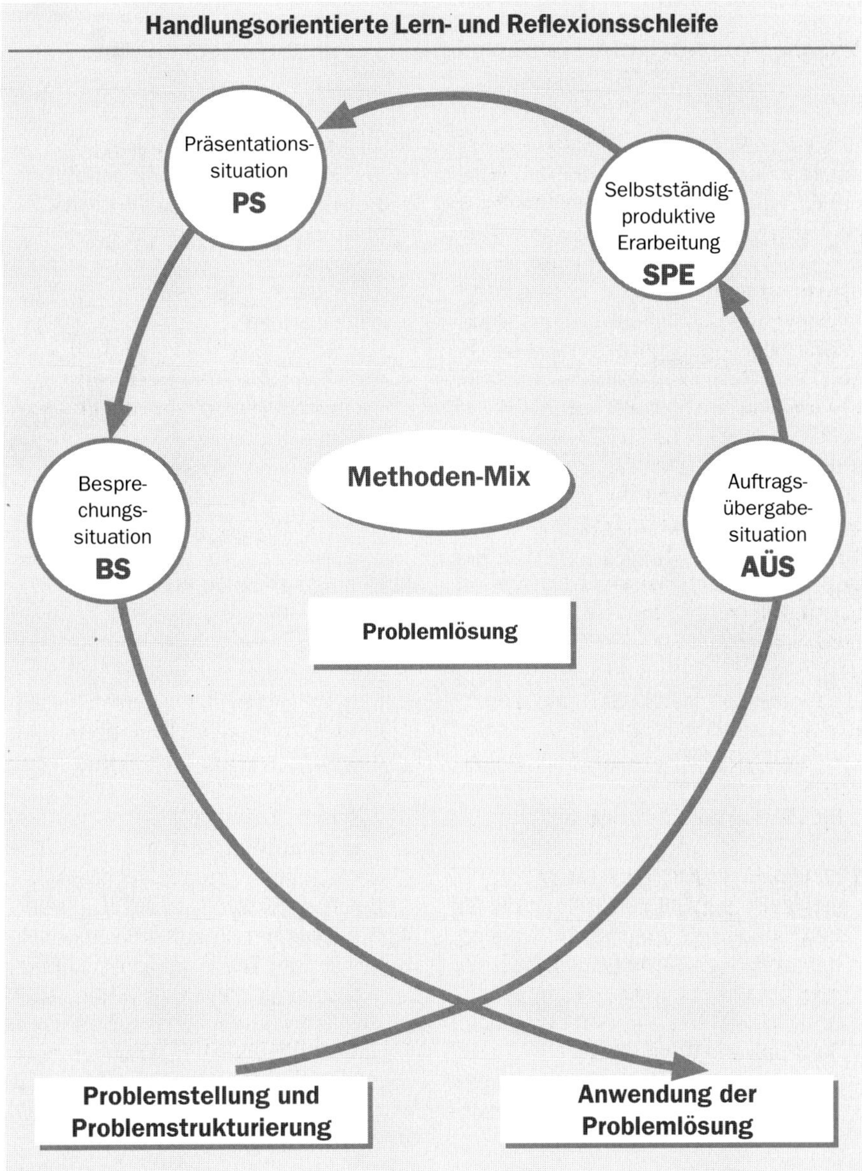

Literaturhinweise:

ARNOLD, R./MÜLLER, H.-J.: Handlungsorientierung und ganzheitliches Lernen in der Berufsbildung – 10 Annäherungsversuche. In: Erziehungswissenschaft und Beruf, Heft 4/ 1993, S. 323–333.

MEYER, H.: Unterrichtsmethoden II: Praxisband. Frankfurt 1989.

NASHAN, R./OTT, B./: Unterrichtspraxis Metall- und Maschinentechnik. Bonn 1990.

32 Welche Perspektiven kennzeichnen eine erweiterte Techniklehre?

Eine ganzheitliche Techniklehre muss die naturale, humane und soziale Dimension der Technik (vgl. Ropohl, 1979) in einen didaktischen Begründungszusammenhang bringen, der auf die allgemeinen Zielbestimmungen der (technischen) Bildung – Mitbestimmung, Mitgestaltung und Mitverantwortung – pädagogisch rückbezogen ist. Dieser (technik-)didaktische Ansatz einer erweiterten Techniklehre ist im Wesentlichen sowohl durch Ziele zur Berücksichtigung gesellschaftlicher und individueller Ansprüche bestimmt als auch durch solche, die sich aus den Anforderungen des Arbeitslebens ergeben. Curricular zielt dieser integrative technikdidaktische Ansatz auf die Vermittlung von Themenganzheiten (vgl. Pahl, 1990, 226 ff.) und ist auf ein „offenes" und „autonomes Curriculum" verwiesen (vgl. Nr. 24).
Eine so erweiterte Techniklehre ist in fünf ganzheitlich-vernetzten Erkenntnisperspektiven zu entfalten (vgl. Rauner, 1986, 151 ff.):

1. **Technologische Perspektive:**
   Techniklehre über die Struktur und Gestaltung (sozio-)technischer Systeme, einschließlich Arbeitsprozesswissen und berufliches Erfahrungswissen.

2. **Ökologische Perspektive:**
   Techniklehre als Moment ökologischer Voraussetzungen (Ressourcen/Recycling) und Technikfolgen.

3. **Ökonomische Perspektive:**
   Techniklehre von den wirtschaftlichen Bedingungen, Interessen und Zwecken der Technik, einschließlich der betriebs-, volks- und weltwirtschaftlichen Nützlichkeitsbetrachtung (Technikbewertung).

4. **Politisch-soziale Perspektive:**
   Techniklehre von den Möglichkeiten (arbeits-)politischer Partizipation, Mitentscheidung und Selbstkontrolle, bezogen auf Arbeitsplätze und Sozialsystem.

5. **Geistig-normative Perspektive:**
   Techniklehre von der Sinnhaftigkeit technisch bestimmter, berufsförmig organisierter Facharbeit, Aufarbeitung möglicher Normenkonflikte einschließlich moralischer Fragen sowie das Verhältnis von Technik und Kreativität, Emotionalität und Körperlichkeit.

Diese mehrperspektivische Techniklehre läuft auf die Forderung von Nölker (1980, 25 f.) hinaus, im Unterricht nicht nur wie bisher auf der Ebene der „instrumentellen Rationalität" (gegenständliche Aspekte der Technik) zu verharren, sondern ebenso die Ebenen der „kritischen Rationalität" (Technikbewertung) und der „innovatorischen Rationalität" (Technikgestaltung) einzubinden.

Lernfragen:

1. Welche Technikdimensionen muss eine ganzheitliche Techniklehre beachten?
2. Auf welche allgemeinen Zielbestimmungen ist eine ganzheitliche Techniklehre pädagogisch rückbezogen?
3. In welchen Erkenntnisperspektiven ist eine erweiterte Techniklehre zu entfalten?

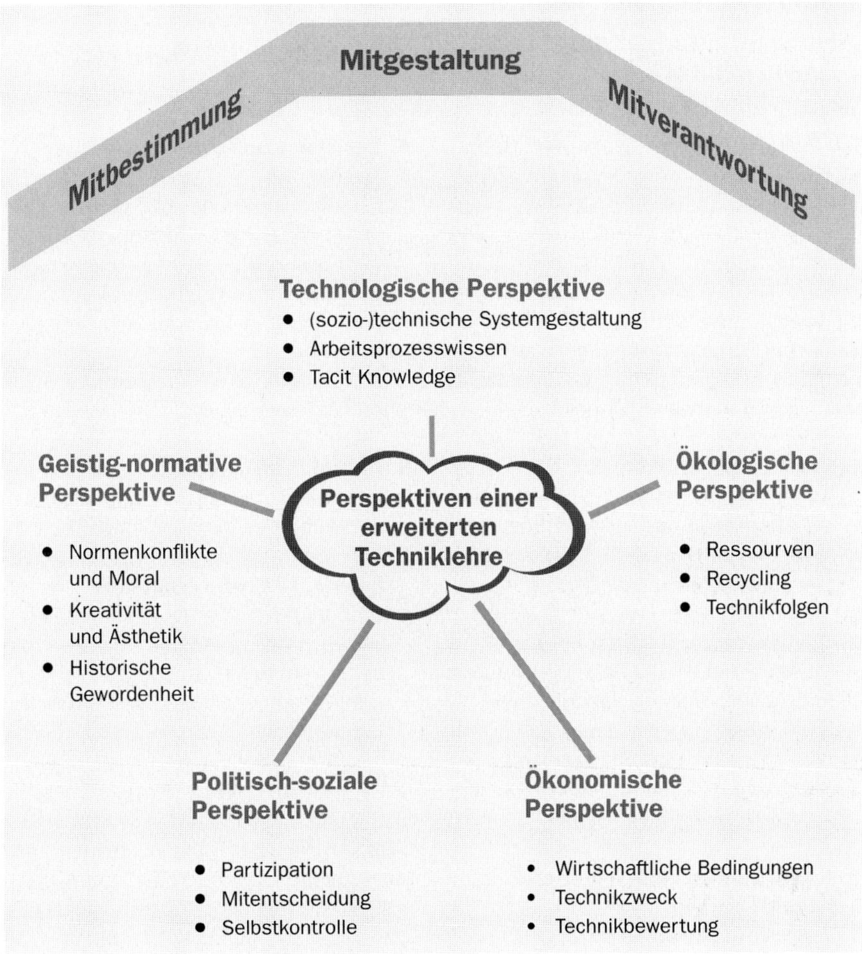

Literaturhinweise:

NÖLKER, H.: Technik und Bildung – Überlegungen zur Problematik und Begründung einer allgemeinen Didaktik der Technologie. In: Bonz, B./Lipsmeier, A. (Hrsg.): Allgemeine Technikdidaktik – Bedingungen und Ansätze des Technikunterrichts, Stuttgart 1980, S. 18–31.

PAHL, J.-P.: Zur Bedeutung von Inhaltsstrukturierungen bei der didaktischen Aufbereitung von Themenganzheiten. Ein Beitrag zum technikdidaktischen Ansatz beruflichen Lernens. In: ZBW, 86. Bd., Heft 3/1990, S. 226–243.

RAUNER, F.: Elektrotechnik Grundbildung. Überlegungen zur Techniklehre im Schwerpunkt Elektrotechnik der Kollegschule. Soest 1986.

ROPOHL, G.: Eine Systemtheorie der Technik: Zur Grundlegung der allgemeinen Technologie. München 1979.

33 Welche Strukturmerkmale kennzeichnen eine erweiterte Technikdidaktik?

Die Fachdidaktik war quasi „von Geburt an" mit dem Stigma der ausschließlichen Vermittlungsorientierung behaftet. Unter den gegebenen technologischen und lernstrukturellen Entwicklungen erscheint aber ein diesbezüglicher Paradigmenwechsel konstitutiv. Die vielfältigen Lehr- und Forschungsbereiche der Technikdidaktik zeigen sich in weit gespannten (curricular offenen) Aspekten:

1. **Interdisziplinärer Aspekt:**
   Ansatzpunkte liefern die Wissenschaftstheorie der Technik, Sozialphilosophie der Technik, Industriesoziologie, Technikgeschichte etc.

2. **Gesellschaftlich-politischer Aspekt:**
   Analyse der gesellschaftlichen Auswirkungen von Technik (Technikentwicklung, Technikbewertung, Technikfolgen, human- und sozialverträgliche Technikgestaltung, Arbeitshumanisierung, Mitbestimmung usw.).

3. **Fachwissenschaftlich-curricularer Aspekt:**
   Auswertung neuer fachwissenschaftlicher Erkenntnisse (z. B. der computergestützten Informations- und Kommunikationstechnologien) sowie deren lernzielorientierte Anordnung in „offenen und autonomen Curricula" in Form didaktischer Leitlinien.

4. **Psychologisch-soziologischer Aspekt:**
   Erforschung geänderter Lern- und Arbeitsbedingungen (Technik, Beruf, Arbeit und Bildung) hinsichtlich unterschiedlicher Lernvoraussetzungen und neuerer Qualifikationsanforderungen auch bei heterogenen Lerngruppen (Problemfelder der inneren und äußeren Differenzierung).

5. **Unterrichtspraktischer Aspekt:**
   Integration beruflicher und allgemeiner Bildung im ganzheitlichen Technikunterricht. Entwicklung von fachspezifischen (Selbst-)Lernmaterialien. Erprobung von handlungsorientierten Unterrichtsmodellen im Hinblick auf selbst gesteuertes, methodisch-operatives Lernen und ganzheitlicher Lernkontrolle.

Die Weiterentwicklung der Technikdidaktik in Forschung und Lehre muss in einer interdisziplinären Diskussion über die Möglichkeiten zum Begreifen und zum Gestalten von Technik zwischen Technikwissenschaftlern, Technikphilosophen und Sozialwissenschaftlern erfolgen, wobei auch die geschichtliche und soziale Bedingtheit und Problematik alles Technischen mit erfasst werden soll.

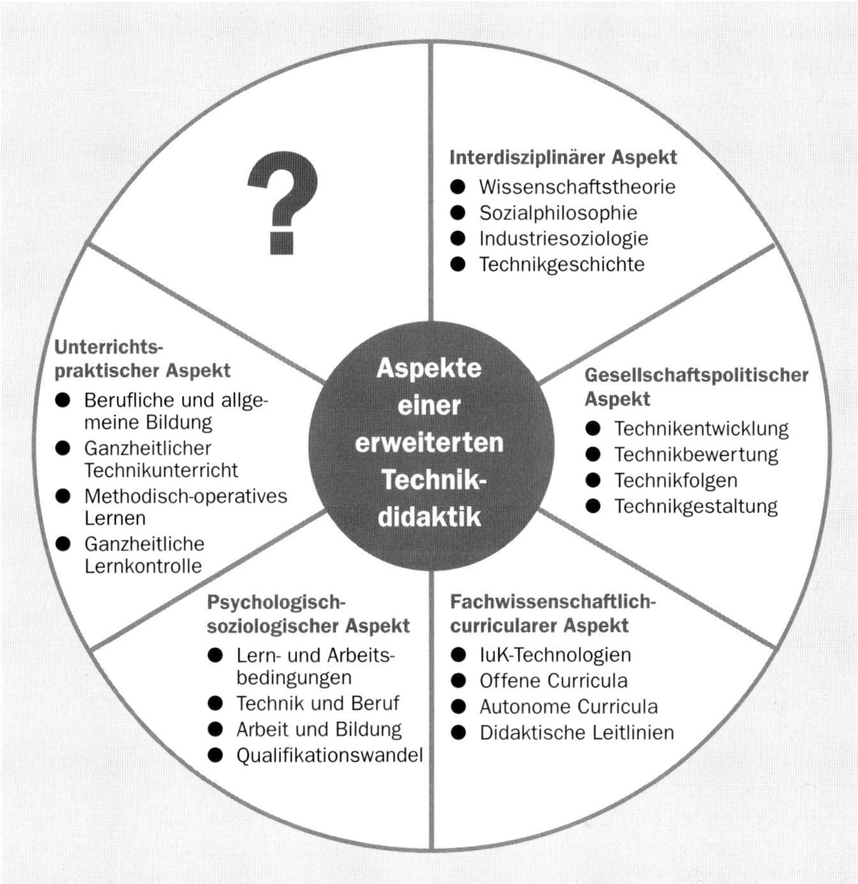

Lernfragen:

1. Nennen Sie Begründungsansätze für eine erweiterte Technikdidaktik.
2. Welchen curricularen Aspekten der Technikdidaktik messen Sie besondere Bedeutung zu?
3. Welche interdisziplinären technikdidaktischen Aufgaben erachten Sie als relevant?

Literaturhinweise:

BONZ, B./LIPSMEIER, A.: Allgemeine Technikdidaktik – Bedingungen und Ansätze des Technikunterrichts. Stuttgart 1980.

OTT, B.: Ganzheitliche Berufsbildung. Stuttgart 1995

PUKAS, D.: Die gewerbliche Berufsschule der Fachrichtung Metalltechnik: Ihre Entstehung um die Jahrhundertwende und ihre Entwicklung bis zur Gegenwart. Alsbach 1988.

34 Welche Unterrichtsverfahren sind für den handlungsorientierten Technikunterricht konstitutiv?

Unterrichtsverfahren werden im beruflichen Unterricht als praktizierte Lehr- beziehungsweise Lernstrategien bezeichnet, die typische Verlaufsphasen aufweisen und die durch eine spezifische Lerneffektivität und didaktische Reichweite gekennzeichnet sind (vgl. Nr. 23).

Für den handlungsorientierten (Technik-) Unterricht sind drei Unterrichtsverfahren konstitutiv:

1. **Versuchsorientierter Unterricht**
   ist auf eine begrenzte technische Frage konzentriert. Das Wesentliche dieser Methodenkonzeption liegt darin, dass die Schüler
   - eine im Lerngegenstand enthaltene Frage herausarbeiten und Erklärungsvermutungen (Hypothesen) formulieren (**Versuchsplanung**),
   - an einer möglichst selbst ersonnenen und selbst konstruierten Geräteanordnung die Vermutungen experimentell verifizieren oder falsifizieren (**Versuchsdurchführung**) und
   - die quantitativen und qualitativen Versuchsergebnisse formulieren und diskutieren (**Kontrollieren**).

2. **Problemorientierter Unterricht**
   basiert auf einer technischen Denkaufgabe. Das Wesentliche des problemorientierten Unterrichtsverfahrens liegt darin, dass die Schüler
   - mit einer Denkaufgabe konfrontiert werden (**Problemstellung**),
   - das im Lerngegenstand enthaltene Problem erkennen sowie Lösungsprinzipien strukturieren und formulieren (**Problemstrukturierung**),
   - das Problem möglichst eigenständig lösen und die Problemlösung bewerten (**Problemlösung**) und
   - die Problemlösungsstrategie auf ähnlich gelagerte Probleme übertragen (**Anwendung der Problemlösung**).

3. **Projektorientierter Unterricht**
   orientiert sich an einer (sozio-)technischen Gestaltungsaufgabe. Das Wesentliche dieser Gestaltungsaufgaben liegt darin, dass sie in ganzheitlich vernetzten Erkenntnisperspektiven zu entfalten sind – in technologischer, ökologischer, ökonomischer, politisch-sozialer und geistig-normativer Perspektive (vgl. Nr. 33).

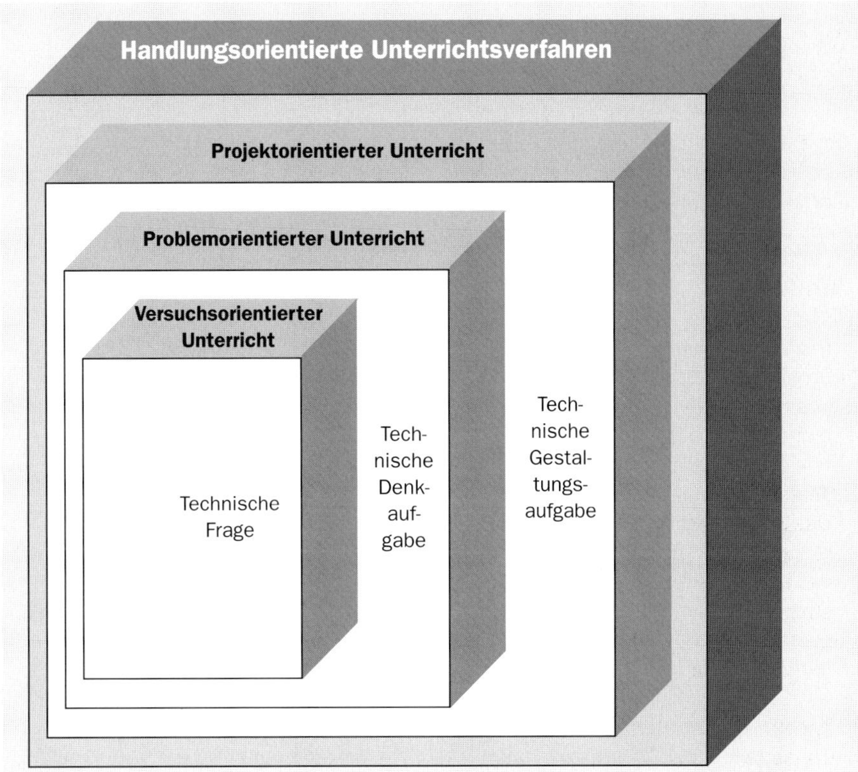

Lernfragen:

1. Wie werden Unterrichtsverfahren gekennzeichnet?
2. Worin unterscheiden sich der versuchs- und der problemorientierte Unterricht?
3. Was ist das Wesentliche einer Gestaltungsaufgabe im projektorientierten Technikunterricht?

Literaturhinweise:

BERNARD, F./EBERT, D./SCHRÖDER, B.: Unterricht Metalltechnik. Hamburg 1995.
NASHAN, R./OTT, B.: Unterrichtspraxis Metall- und Maschinentechnik. Bonn 1995.
TULODZIECKI, G./BREUER, K./HAUF, A.: Konzepte für das berufliche Lehren und Lernen. Bad Heilbrunn 1992.

35 Wie ist der problemorientierte Technikunterricht konzipiert?

Ausgehend von den jeweiligen Lernvoraussetzungen der Schüler und den curricularen Zielsetzungen erfolgt die Artikulation des problemorientierten Technikunterrichts in vier Phasen (vgl. Nashan/Ott, 1995, S. 65:

1. **Problemstellung:**
   Problemorientierter Technikunterricht beginnt mit einer technischen Denkaufgabe, die auch die prozessuale Seite des problem- und handlungsorientierten Lernvorganges berücksichtigt. Die Zielstellung als didaktisches Mittel ist nur dann hinreichend genutzt, wenn die Lern- und Arbeitsaufgaben, Bedingungen und Anforderungen an das zu gestaltende System („Pflichtenheft") für die Schüler transparent sind.

2. **Problemstrukturierung:**
   Zielaspekt der Problemstrukturierungsphase ist es, dass die Schüler das Arbeitsziel möglichst eigenverantwortlich festlegen. Es geht bei diesem Strukturierungsprozess aber auch darum, Einzelwissen durch ein Netz von Beziehungen zu verbinden, damit der Lerner ein Systemwissen erreicht.

3. **Problemlösung:**
   Zielaspekt ist die selbstständige Gestaltung, Kontrolle, Konstruktion und eventuelle Fertigung des Systems durch die Schüler („Handlungsprodukt").
   Der Problemlösungsprozess erfolgt dabei in Lernschleifen mit vier Lernsituationen (vgl. Nr. 11: Handlungslernen):
   - Auftrags-Übergabe-Situation
   - Selbstständig-produktive-Erarbeitung
   - Präsentations-Situation
   - Besprechungs-Situation

4. **Anwendung der Problemlösung:**
   Diese Lernphase ist darauf ausgerichtet, die Lernergebnisse im Gedächtnis der Lerner zu verankern, Geläufigkeit anzubahnen und eine Automatisierung anzustreben durch
   - Wiederholung und Übung als erneuter Vollzug des Lösungsweges,
   - Anwendung als selbstständiges Operieren unter neuen Bedingungen und in neuen Situationen, mit dem Ziel eines tieferen Verständnisses durch ein Erweitern, Variieren und Ausgestalten der Problemsituation,
   - Transfer als Übertragung der erfassten und begriffenen strukturellen Züge des Lösungsweges und der Lösung mit dem Ziel, identische Momente in anderen Problemsituationen zu erkennen.

Lernfragen:

1. Beschreiben Sie die curricularen Zielsetzungen des ganzheitlichen Technikunterrichts.
2. Wie ist der problemorientierte Unterricht artikuliert?
3. Welche lernpsychologischen Aspekte liegen dem problemorientierten Technikunterricht zu Grunde?

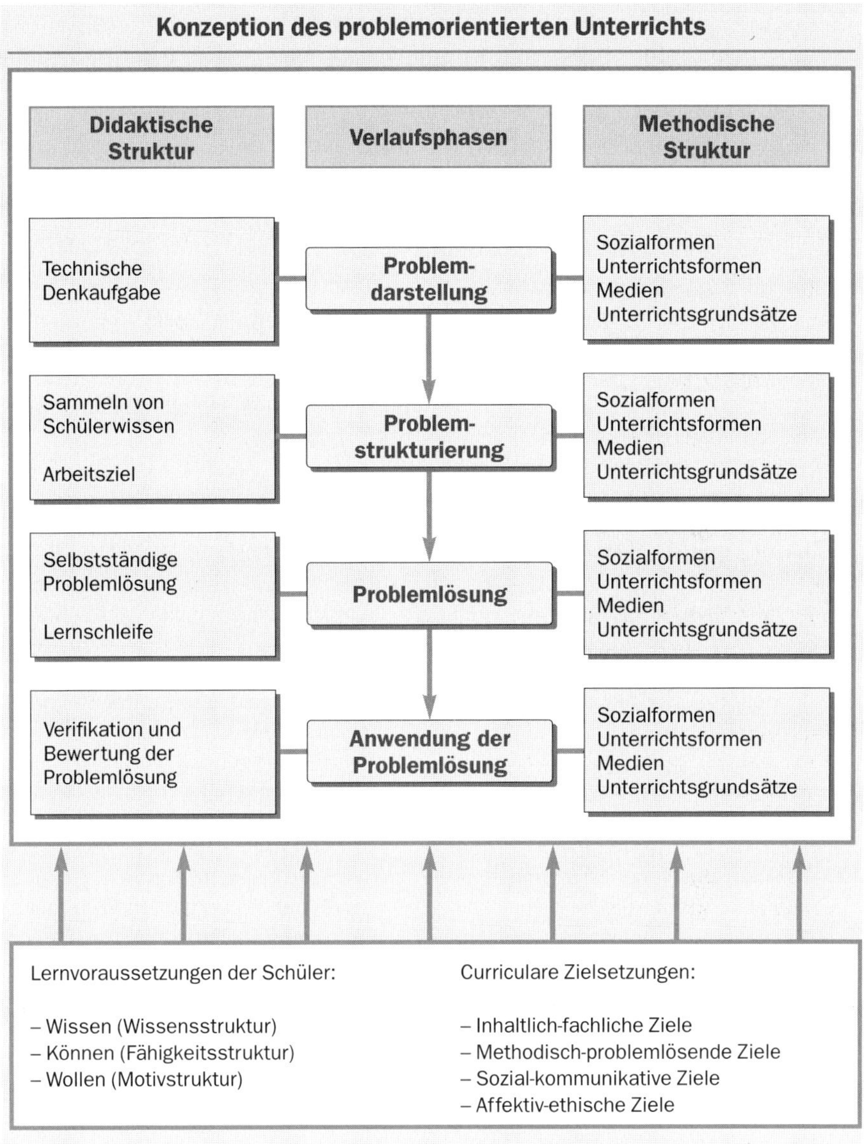

Literaturhinweise:

NASHAN, R./OTT, B.: Unterrichtspraxis Metall- und Maschinentechnik. Bonn 1995.

PAHL, J.-P./RUPPEL, A.: Bausteine beruflichen Lernens im Bereich Technik. Unterrichtsplanung und technikdidaktische Elemente. Alsbach 1993.

36 Auf welche Qualifikations- und Kompetenzsstruktur zielt Arbeitslernen?

Die Analyse moderner industrieller Arbeitssituationen macht sehr unterschiedliche Qualifikationsanforderungen an die Mitarbeiter deutlich:

- Unter dem **Gegenstandsaspekt** sind fachliche Kenntnisse und Fertigkeiten notwendig, die sich auf die inhaltliche Dimension der Arbeit beziehen.

- Unter dem **Verfahrensaspekt** kommt es darauf an, fachspezifische Verfahren und Handlungsweisen zu beherrschen, um selbstständig Lösungen zu finden und Entscheidungen zu treffen.

- Unter dem **Verhaltensaspekt** sind individuelle Verhaltensweisen zu benennen, die in besonderer Weise soziale Interaktionsprozesse bei einem Arbeitsauftrag umfassen.

- Unter dem **sozial-humanen Aspekt** soll der Sinn technischer Handlungen und Prozesse im Kontext gesellschaftlicher und anthropologischer Bedingungen erfasst und beurteilt werden

Technische Berufsbildung ist somit nicht nur auf den Erwerb von fachlicher Kompetenz hin angelegt, sondern zielt explizit auf die Mitgestaltung der Arbeitswelt. Dazu ist es einerseits erforderlich, dass die Lerner fachsystematische Zusammenhänge erkennen und konstruktiv-analytisch denken und handeln. Andererseits ist aber auch die Förderung des Sozialverhaltens, der Kreativität und des Mitgestaltungsspielraumes integraler Bestandteil beruflichen Lernens. Zielaspekt ist es, Arbeiten und Lernen ganzheitlich zu erfassen und zu verbinden.

Unter der „Zielfunktion des Arbeitslernens“ addieren sich

1. **fachliche Qualifikationen** im Bereich des berufsspezifischen Wissens und Könnens (Fachkompetenz) sowie im Bereich der (auch überberuflichen) technologiespezifischen Methodenkompetenz,

2. **fach- und berufsübergreifende Qualifikationen**, die sich zu folgenden Gruppen zusammenfassen lassen:
   - Problemlösefähigkeit (einschließlich Entscheidungsfähigkeit, Urteilsfähigkeit, Systemdenken, Selbstständigkeit, Kreativität sowie die fach- und berufsübergreifende Dimension der Methodenkompetenz),
   - Interaktionsfähigkeit (einschließlich Kommunikations- und Kooperationsfähigkeit),
   - Verantwortungsfähigkeit (Eigenverantwortlichkeit und Sozialverantwortlichkeit; Halfpap 1990, 157/158).

Zielfunktion des Arbeitslernens

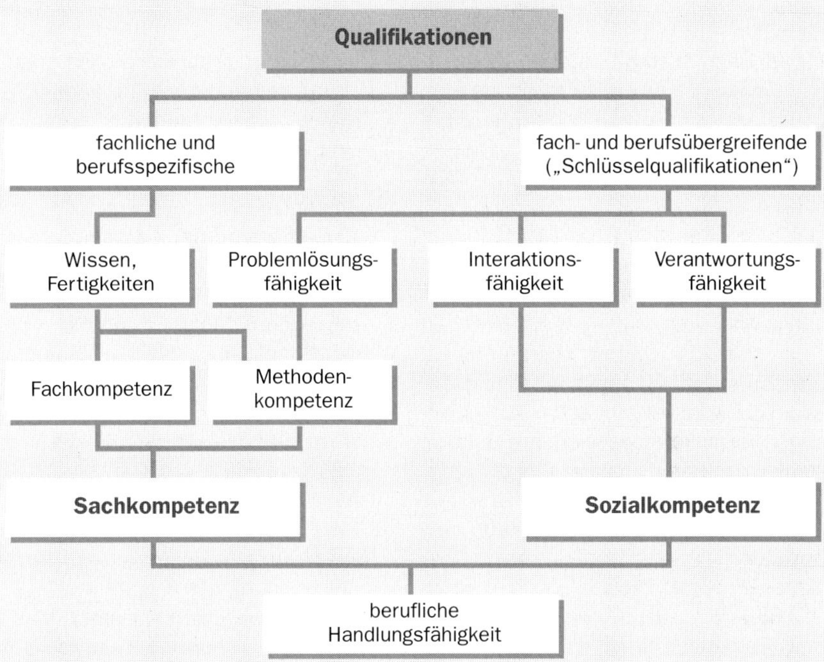

nach K. Halfpap; In: G. Pätzold (Hrsg.): Handlungsorientierung in der beruflichen Bildung. Frankfurt a.M. 1992, S. 139 ff.

Lernfragen:

1. Welche Qualifikationsanforderungen an die Mitarbeiter bedingen moderne Arbeitssituationen?
2. Welche Konsequenzen haben die geänderten Qualifikationsanforderungen für die berufliche Bildung?
3. Welche Qualifikationen bzw. Kompetenzen addieren sich in der Zielfunktion des Arbeitslernens?

Literaturhinweise:

BONZ, B. (Hrsg.): Didaktik der Berufsbildung. Stuttgart 1966.

PÄTZOLD, G. (Hrsg.): Handlungsorientierung in der beruflichen Bildung. Frankfurt a. M. 1992.

37 Wie wird handlungsorientierte Ausbildung organisiert?

Mit dem Begriff **Lernorganisation** wird beschrieben, wie der Zusammenhang von Lernzielen, Lernverfahren und Lernkontrolle als didaktische Handlungslehre in der Bildungspraxis strukturiert und organisiert ist.

1. Der „Regelkreis der Lernorganisation“ beginnt mit der **Langzeitplanung:** Der Ausbilder legt auf Grund fachlicher und pädagogischer Kriterien für einen bestimmten Ausbildungsabschnitt die Ausbildungsinhalte und -aufgaben fest, formuliert beabsichtigte Schlüsselqualifikationen und ordnet geeignete Arbeits- bzw. Sozialformen zu:
   - **Selbst gesteuerte Einzelarbeit (SEA)**:
     Jeder Auszubildende plant, erstellt und kontrolliert die ihm erteilte Aufgabe selbst in eigener Verantwortung.
   - **Gruppengeplante Einzelarbeit (GEA)**:
     Eine Gruppe von Auszubildenden plant die durchzuführende Arbeitsaufgabe gemeinsam. Dann übernimmt jeder Auszubildende in Eigenverantwortung die Durchführung und die Kontrolle seines Arbeitsstückes.
   - **Gruppenarbeit (GRA)**:
     Eine Gruppe von Auszubildenden erhält eine gemeinsame Aufgabe. Sie plant gemeinsam, legt die Arbeitsaufteilung fest. Die Zusammenführung der einzelnen Arbeitsteile (bzw. deren Zusammenbau) erfolgt gemeinsam durch die Gruppe.

2. Auf dieser Grundlage beginnt dann die **Einzelplanung** der Ausbildungsaufgabe (in einer Teambesprechung von Ausbilder und Auszubildenden) mit der Verknüpfung von Inhalten, Organisationsformen, Methoden und Medien und der daraus resultierenden Aufgabenstellung. (**Wer** macht **was**, **wozu**, **wie**, **warum**, **womit**, **wo**, **wann**, und **bis wann?**).

3. Bevor die Lernenden mit der **Arbeitsausführung** beginnen, erfolgt eine Arbeitsplanung mit Aufgabenverteilung, Funktionsbeschreibung und Maschinenbelegung sowie das Fachgespräch mit dem/den Lernenden, um das endgültige Vorgehen abzustimmen.

4. Die **Bewertung der Arbeitsaufgabe** erfolgt als Selbst- und Fremdbewertung, sie ist Anlass für ein Fachgespräch, in dem die gewonnenen Erfahrungen und Verbesserungsvorschläge benannt werden. Während der Arbeitsausführung führt der Ausbilder eine Verlaufsbeobachtung durch – sie ist Grundlage für das „Feed-back“ im Abschlussgespräch.

Lernfragen

1. Definieren Sie den Begriff Lernorganisation?
2. Welche Arbeits- bzw. Sozialformen sind in der handlungsorientierten Ausbildung üblich?
3. Beschreiben Sie den Regelkreis der Lernorganisation.

Langzeitplanung
- Zuordnen von Organisationsformen zu Übungsaufgaben

Einzelplanung der Übungsaufgabe
- Verknüpfen von Inhalten mit Organisationsformen, Lehr-/Lernmethoden und Medien

Aufgabenstellung
WER macht WAS
WOZU WIE WOMIT
WANN WO

Erarbeitung neuer Inhalte
- Unterweisung
- Lehrgespräch
- Selbst gesteuertes Lernen

Arbeitsausführung
einschließlich
- Arbeitsplanung
- Planung, Aufgabenverteilung
- Funktionsbeschreibung
- Planung Maschinenbelegung
- Montagebericht
- ...
- ...

Bewerten der Übungsaufgabe
- Selbstbewertung
- Fremdbewertung
- Anlass für ein Fachgespräch

Beobachtungen zu Schlüsselqualifikationen
während
- Arbeitsausführung
- Bewertung

Abschlussgespräch
der Ausbilder
- moderiert
- gibt Rückmeldungen

Rückkopplung und Aktualisierung
der Langzeit-/Einzelplanung unter Berücksichtigung der Lernergebnisse

nach E. Dötz/R. Boretty (Siemens AG); In: TIBB-Technische Information und Berufliche Bildung. Frankfurt a.M. 2/1988, S. 53

Literaturhinweise:

BAHR, W.: Handbuch der Ausbilder-Eignungsprüfung. Bonn 1993.
KLEIN, U. (Hrsg.): PETRA-Projekt und Transferorientierte Ausbildung. München 1990.
FREYTAG, H.-P., u. a.: Der Ausbilder im Betrieb. Teil I bis III. Kassel 1993.

38 Welche handlungsorientierten Ausbildungsmethoden gibt es?

Handlungsorientierte Ausbildung basiert auf dem „Leitziel Selbstständigkeit“ und orientiert sich grundsätzlich an drei Makro-Methoden:

a) Lehrgangs-Methode
b) Leittext-Methode
c) Projekt-Methode

a) Die **Lehrgangs-Methode** wurde in den letzten Jahren weiterentwickelt und reicht von der Vier-Stufen-Methode bis zu psychoregulativem Training:

- **Observatives Training**
  durch planmäßiges, wiederholtes, gezieltes Beobachten zu erlernender Arbeitstätigkeiten anderer Personen.
- **Mentales Training**
  durch Einbeziehung der Vorstellungstätigkeit in das Lernen berufspraktischer Fertigkeiten.
- **Verbales Training**
  durch Einbeziehung der Sprechtätigkeiten in das Lernen berufspraktischer Fertigkeiten.
- **Motorisches Training**
  durch gezielte Übungen zum bewegungsmäßigen Lernen der Fertigkeiten.

b) **Leittexte** werden je nach Ausbildungsaufgabe in der betrieblichen Ausbildungspraxis sehr unterschiedlich verwendet:

- **Produkt- oder projektbezogene Leittexte**
  zur selbstständigen Arbeitsvorbereitung, Fertigung und Kontrolle eines Arbeitsgegenstandes.
- **Auftrags- bzw. auftragstypenbezogene Leittexte**
  zur selbstständigen Bearbeitung fachtypischer Aufträge.
- **Tätigkeitsbezogene Leittexte**
  zur selbstständigen Wahrnehmung beruflicher Tätigkeiten.
- **Arbeitsplatzorientierte Leittexte**
  zur funktionalen Anordnung von Maschinen und Geräten und zu selbstständigem Lernen am Arbeitsplatz.

c) Unter einem **Projekt** wird ein Ausbildungsvorhaben verstanden, bei dem die Auszubildenden einen komplexen, gebrauchsfertigen Gegenstand herstellen oder eine fest umrissene, praxisrelevante Aufgabe erfüllen. Die Problemstellungen in Form von Arbeits- bzw. Gestaltungsaufgaben reichen von leittextgestützten Projekten über selbst organisierte Projekte bis hin zu der Übernahme von (Teil-)Aufgaben aus der Produktion. Die Projektmethode hat auf dem Weg in die Selbstständigkeit die größte didaktische Reichweite.

Lernfragen:

1. Beschreiben Sie wichtige psychoregulative Trainingsverfahren.
2. Welche Leittexte werden in der betrieblichen Ausbildungspraxis verwendet?
3. Welche Projektarten sieht die Projektmethode vor?

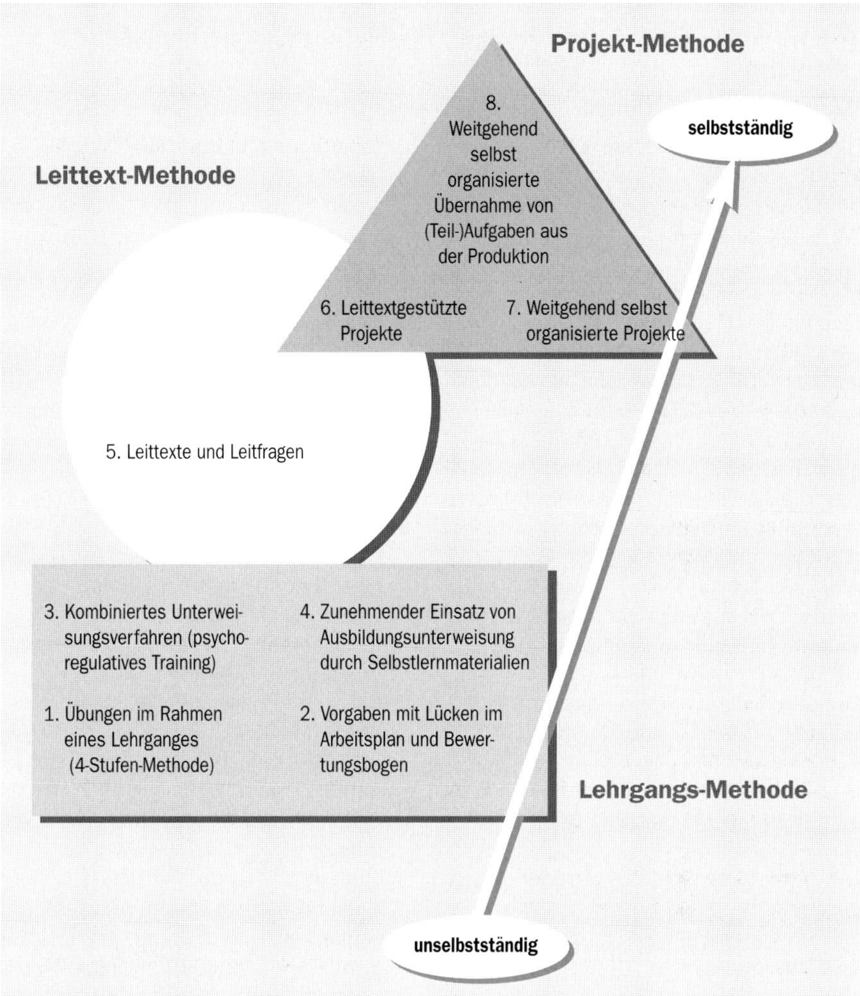

nach W. Muders, In: TIBB, 1/1989, S. 59

Literaturhinweise:

ARNOLD, R./KRAMER-STÜRZL. A.: Berufs- und Arbeitspädagogik. Berlin 1996.

MANNESMANN-DEMAG AG.: Vermittlung von Schlüsselqualifikationen in der Ausbildung. Aus- und Fortbildung (3200). Duisburg 1988.

39 Wie wird die „Vier-Stufen-Methode“ in der betrieblichen Ausbildung angewendet?

Die **Vier-Stufen-Methode** geht auf das TWI (Training Within Industry Programm der amerikanischen Industrie im zweiten Weltkrieg zurück und wurde von der REFA-Lehre adaptiert. Die Stärke dieser Methode liegt in der effektiven Vermittlung motorischer Fertigkeiten mit kurzen Lernzeiten. Die Arbeitsunterweisung geht von der Tätigkeitsanalyse erfahrener Arbeiter aus. Die Arbeitsanalyse ist die Grundlage für die Arbeitssystembeschreibung, bei der Arbeitsaufgabe (Lernziele), Arbeitsablauf, Arbeitsplatz, Arbeitsmittel, Arbeitsumgebung, Arbeitsmethode und Arbeitsorganisation vom Ausbilder geplant bzw. vorentschieden werden. Auf der Basis der Arbeitsanalyse wird der Unterweisungsplan erstellt:

Lernabschnitte:	Was wird gelernt?
Ablauf/ Kernpunkte:	Wie wird es gemacht?
Begründungen:	Warum wird es so gemacht?

Die Arbeitsunterweisung ist in vier Stufen gegliedert:

1. **Vorbereiten:**
   In dieser Stufe ist vorwiegend der Ausbilder aktiv. Er erklärt die Arbeitsaufgabe, nennt die Lernziele und stellt die Arbeitsmittel bereit. Durch Fragen und Impulse klärt er die Vorkenntnisse und weckt Interesse.

2. **Vormachen:**
   Der Ausbilder soll den gesamten Arbeitsvorgang „flüssig vormachen“ und dabei erklären, *was* er *wie* und *warum* macht. Durch wiederholtes, schrittweises Vormachen lenkt er die Aufmerksamkeit auf die wesentlichen Kernpunkte der Unterweisung.

3. **Nachmachen:**
   Der Auszubildende wiederholt die Arbeitsschritte (Imitationslernen). Dabei erklärt er die einzelnen Lernabschnitte, beschreibt die Kernpunkte und begründet sein Vorgehen.
   Bei gravierenden Fehlern kann der Ausbilder sofort eingreifen. Kontroll- und Beurteilungsfragen ermöglichen eine Einschätzung des Zielerreichungsgrades der Arbeitsunterweisung.

4. **Selbstständiges Anwenden:**
   Durch wiederholte Übung wird das Gelernte gefestigt und gesichert. Durch den erneuten Vollzug wird der Lernfortschritt beobachtet und Routinebildung angestrebt.

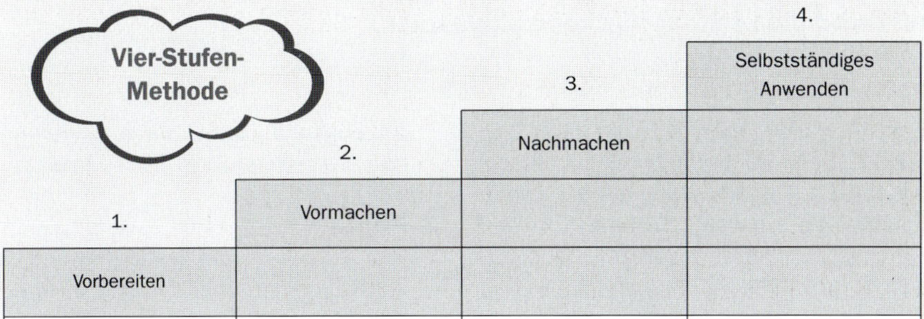

1. Vorbereiten	2. Vormachen	3. Nachmachen	4. Selbstständiges Anwenden
1. Arbeitsmittel bereitstellen	1. Vormachen und Erklären WAS – WIE – WARUM	1. Nachmachen lassen WAS – WIE – WARUM erklären lassen	1. Selbstständig ausführen lassen
2. Vorstellen und persönlichen Kontakt herstellen	2. Dosierte Lernschritte	2. Kontroll- und Beurteilungsfragen stellen	2. Helfendes Eingreifen
3. Lernziel nennen	3. Lernhilfe geben	3. Fehler korrigieren	3. Erfolgskontrolle
4. Vorkenntnisse klären	4. Wiederholung	4. Wiederholung	4. Lob, Anerkennung
5. Lernziel im organisatorischen Zusammenhang darstellen	5. Wesentliche Punkte herausstellen	5. Sicherheit geben	5. Hinweis auf weitere Tätigkeit
6. Interesse wecken (Motivieren)		6. Lob/Tadel	

nach A. Eding; In: ZBW 7/1992, S. 600

Lernfragen:

1. Welche Faktoren werden bei der Arbeitssystembeschreibung erfasst?
2. Wie wird üblicherweise ein Unterweisungsplan gegliedert?
3. Beschreiben Sie den Ablauf einer Arbeitsunterweisung nach der „Vier-Stufen-Methode.

Literaturhinweise:

BÄHR, W.: Handbuch der Ausbilder-Eignungsprüfung. Bonn 1993.
LEISCHNER, D.: Berufs- und Arbeitspädagogik. Köln 1993.

40 Wie wird die Leittext-Methode eingesetzt?

Die Leittext-Methode zielt auf eine erfolgreiche „Selbst-Unterweisung der Auszubildenden“. Daher werden alle zu vermittelnden Kenntnisse, Fertigkeiten und Fähigkeiten in Form von Texten, Tabellen, Stücklisten, Bildern, Zeichnungen usw. zusammengefasst und den Lernern als Arbeitsunterlage präsentiert. Dieser Leittext basiert i. d. R. auf vier Bestandteilen:

1. **Leitfragen** leiten den Lernenden an, sich gezielt Informationen über das Arbeitsziel und die Lerninhalte zu beschaffen.
2. Der **Arbeitsplan** wird von den Auszubildenden selbstständig entwickelt und mit dem Ausbilder diskutiert.
3. Der **Kontrollbogen** enthält die wichtigsten Qualitätsmerkmale der Arbeitsaufgabe und Beobachtungshinweise zur Lernkontrolle. Er wird ggf. von den Auszubildenden selbst erstellt.
4. Im **Leitsatz** sind alle notwendigen Informationen/Medien zusammengestellt, die der Auszubildende zur Problemlösung benötigt.

Die Leittext-Methode ist in sechs Stufen gegliedert:

1. Informieren:
In dieser Anfangsphase werden Leitfragen eingesetzt, die den Auszubildenden darüber informieren, was getan werden soll. Durch systematische Analyse der Auftragsunterlagen und der Zeichnung soll er die auszuführenden Arbeiten gedanklich erfassen.

2. Planen:
Hier geht es um die Festlegung und Organisation der Arbeitsabläufe in einem Arbeitsplan. Der Arbeitsplan wird in der Regel von einer Lerngruppe erstellt.

3. Entscheiden:
Auf dieser Stufe werden der Fertigungsweg und die Betriebsmittel festgelegt und die erarbeiteten Entscheidungsvorlagen mit dem Ausbilder durchgesprochen.

4. Ausführen:
In dieser Phase wird das Werkstück gefertigt. Der Fertigungsprozess soll weitgehend selbstständig vom Auszubildenden geleistet werden und kann ggf. auch arbeitsteilig erfolgen.

5. Kontrollieren:
Die fachgerechte Anfertigung erfolgt mit Hilfe eines Kontrollbogens durch den Auszubildenden (Selbstbewertung) und durch den Ausbilder (Fremdbewertung).

6. Bewerten:
Die Kontrolle ist die Grundlage für ein Bewertungsgespräch mit dem Ausbilder über die durchgeführte Arbeit. Dabei werden Gründe für Mängel und Abweichungen ermittelt und besprochen.

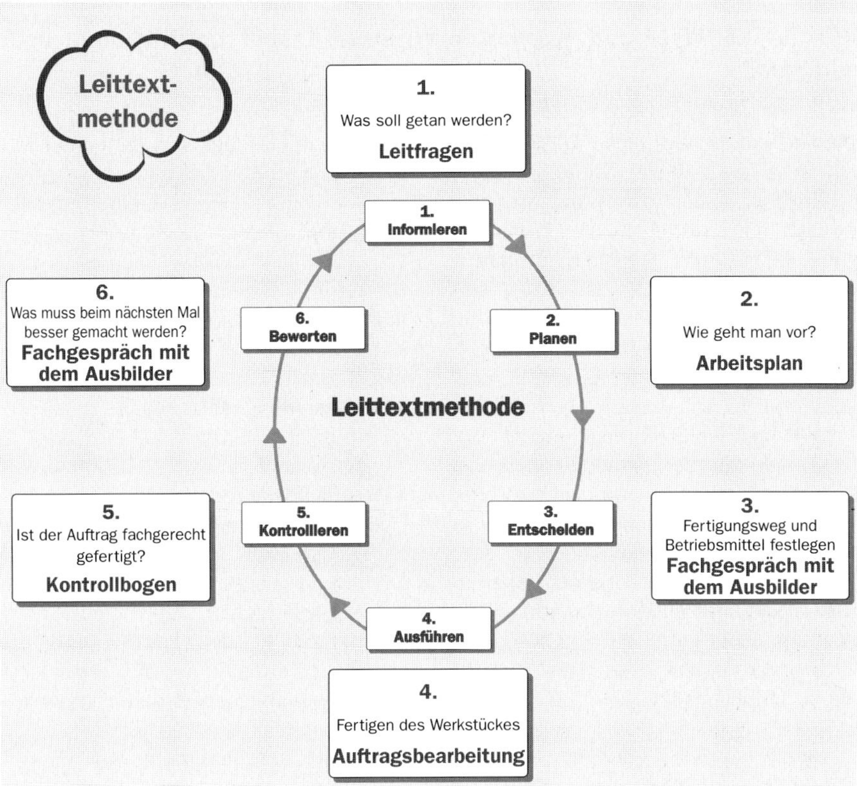

nach K. Pampus; in: Berufsbildung in Wissenschaft und Praxis, 2/1987, S. 47

Lernfragen:

1. Welche Lernintentionen verfolgt die Leittext-Methode?
2. Welche Bestandteile enthält ein Leittext?
3. In welche Stufen ist die Leittext-Methode gegliedert?

Literaturhinweise:

PAMPUS, K.: Ansätze zur Weiterentwicklung betrieblicher Ausbildungsmethoden. In: BWP (1987) 2, S. 43–51

SCHELTEN, A.: Grundlagen der Arbeitspädagogik. Stuttgart 1991.

41 Welche Einfluss- und Kompetenzstrukturen sind im Bildungswesen wirksam?

Die verfassungsrechtliche Entscheidung für eine freiheitliche Demokratie im „Grundgesetz für die Bundesrepublik Deutschland" war nach 1945 der Ausgangspunkt für die allgemein akzeptierte Forderung nach Demokratisierung aller gesellschaftlichen Bereiche, auch des Bildungswesens. Die Einlösung dieser Forderung war in der unmittelbaren Nachkriegszeit zunächst noch stark an den zurückliegenden Erfahrungen und an der Überwindung demokratiegefährdender Relikte orientiert. Zum Teil auf den bitteren Erfahrungen beruhend, zum Teil lediglich bestimmte Traditionen der deutschen Geschichte fortführend, bekamen zwei Grundsätze eine entscheidende Bedeutung, nicht nur für die Bildungspolitik allgemein, sondern auch und gerade für die Berufsbildungspolitik:

1. Die Kulturpolitik wurde per Grundgesetz wieder den Ländern zur eigenständigen politischen Gestaltung, unabhängig von der Zentralgewalt des Bundes, zugewiesen (wie schon in der Weimarer Republik).
2. Eine pluralistische Staats- und Rechtsordnung sichert nicht-staatlichen gesellschaftlichen Kräften einen starken Einfluss in bildungspolitisch wichtigen Bereichen.

Unter Ausklammerung der trotz des Subsidiaritätsprinzips (gemäß Maastrichter Vertrag über die Europäische Union vom 7.2.1992; EG-Vertrag i. d. F. vom 1.1.95, Art. 126: Mitgliedstaaten sind „für die Lehrinhalte und die Gestaltung des Bildungssystems" verantwortlich) zunehmenden Vereinheitlichungstendenzen kann das Bildungswesen der BRD als autonom angesehen werden, von (bislang noch) geringfügigen EU-Einflüssen abgesehen. In der BRD ist die Bundesregierung allerdings (im Unterschied zu manchen Ländern in Europa) im Wesentlichen lediglich für folgende Bereiche des gesamten Bildungswesens verantwortlich:

- Hochschulwesen (Rahmenkompetenz gemäß Art. 75, 1a Grundgesetz: **Hochschulrahmengesetz**, HRG);
- Betriebliche Berufsausbildung (in Auslegung von Art. 74, 11 Grundgesetz: **Berufsbildungsgesetz**, BBiG).

Das gesamte Schulwesen (also auch die beruflichen Voll- und Teilzeitschulen) untersteht den Ländern (gemäß Art. 7.1 im Kontext von Art. 30 GG). Diesen Grundsatz bezeichnet man als **Kulturhoheit der Länder** und er hat in der BRD angesichts der föderalistischen Struktur bei allen Parteien einen hohen Stellenwert.

Um jedoch aus übergeordneten Interessen gewisse Gemeinsamkeiten im Bildungswesen zu sichern, sind verschiedene Mechanismen installiert und einige Gremien geschaffen worden, die zu einem „kooperativen Kulturföderalismus" geführt haben. Das wohl wichtigste dieser Gremien ist die **Ständige Konferenz der Kultusminister der Länder in der Bundesrepublik Deutschland** (KMK), eine freiwillige Arbeitsgemeinschaft ohne Gesetzgebungskompetenz; die Empfehlungen und Beschlüsse der KMK müssen in Länderrecht umgesetzt werden (Gesetze, Verordnungen, Erlasse). Die Kommunen (Gemeinden, Kreise etc.) haben im Bildungswesen (neben der Finanzierung der Schulgebäude, Ausstattungen etc.) lediglich eine geringe Zuständigkeit.

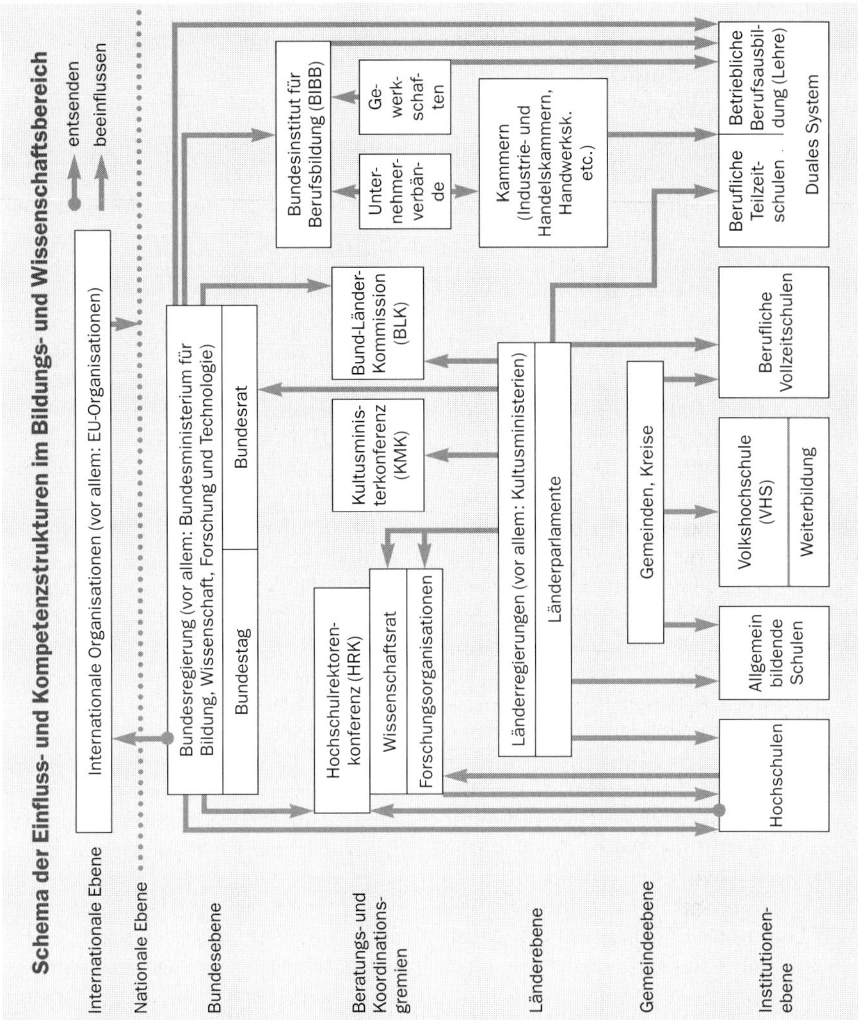

Lernfragen:

1. Welchen Sinn macht das Prinzip „Kulturföderalismus“, verglichen mit dem Zentralstaatsprinzip?
2. Worin liegt die besondere Problematik der Berufsausbildung unter dem Aspekt des „Kulturföderalismus“?

Literaturhinweise:

LIPSMEIER, A.: Berufsbildung 1945–1990. In: Handbuch der deutschen Bildungsgeschichte. Bd. VI, hrsg. von Ch. Führ u. a., München 1998, S. 447 – 489.

MAX-PLANCK-INSTITUT FÜR BILDUNGSFORSCHUNG: Das Bildungswesen in der Bundesrepublik Deutschland. Reinbek 1994.

42 Nach welchen Prinzipien ist das Bildungswesen der BRD aufgebaut und wie ist es strukturiert?

Grundsätzlich gibt es die Möglichkeiten, das Bildungswesen entweder einheitlich (gesamtschulartig) oder differenziert zu organisieren bzw. zu strukturieren.

Das **Primarschulwesen** (in der BRD: die Grundschule) ist in wohl allen Ländern der Welt als Einheitsschule konzipiert. Darunter versteht man, dass alle Kinder der betreffenden Altersjahrgänge (in der BRD vom 6. bis zum 10. Lebensjahr), und zwar Jungen und Mädchen (Prinzip der Koedukation), pflichtmäßig eine gemeinsame Schule besuchen; lediglich Kinder mit besonderen Behinderungen (z. B. Blinde) besuchen die Sonderschule. Dieses Prinzip der gemeinsamen Beschulung von Kindern bestimmter Altersjahrgänge hat vor allem gesellschafts- und sozialpolitische Gründe; die soziale Differenzierung der Gesellschaft soll sich nicht schon am Beginn einer Bildungslaufbahn etablieren. Deswegen heißt es auch im Grundgesetz (Art. 7, 6): „Vorschulen bleiben aufgehoben" (Vorschulen der Gymnasien als Eliteschulen vor 1918). Auch die Orientierungsstufe (sofern in den Ländern eingerichtet: 10. bis 12. Lebensjahr) folgt diesem Prinzip. Darüber hinaus soll dieser „verzögerte" Übergang in die differenzierten Schulformen des Sekundarbereichs I (Hauptschule, Realschule, Gymnasium; Gesamtschule) die weitere Entfaltung und Beobachtung der unterschiedlichen Begabungen ermöglichen und so eine „bessere" Entscheidung (von Eltern und Lehrern) zu Gunsten der Kinder gestatten.

Diese Dreiteilung des Bildungswesens im **Sekundarbereich I** hat historische Wurzeln, die bis an die Anfänge des vorigen Jahrhunderts und damit bildungs- und geistesgeschichtlich in den Neuhumanismus (Wilhelm von Humboldt u. a.) zurückreichen. Sie folgte einerseits gesellschaftlichen Schichtenmodellen (Unter-, Mittel-, Oberschicht) und andererseits – jedenfalls gemäß den Verteidigern des Prinzips der Dreiteilung – den Annahmen über die Verteilung von Begabungen in der Bevölkerung. Beide Aspekte, Schichtenmodell und Begabungsmodell, waren auch die wesentlichen Kritikpunkte für diejenigen, die seit den 60er-Jahren unter der gesellschaftspolitischen Maxime der Chancengleichheit eine neue Schulform forderten und einrichteten, eben die Gesamtschule.

Diese Schulform, die in manchen Bundesländern recht verbreitet ist, insgesamt aber nicht als dominante Schulform anzusehen ist, ist in manchen europäischen und außereuropäischen Ländern die Hauptschulform, teilweise sogar die einzige Schulform.

Die drei Schulformen Hauptschule, Realschule und Gymnasium (Unter- und Mittelstufe) erfüllen unterschiedliche Bildungsaufträge, die in der Gesamtschule (bei unterschiedlichen Modellen der Differenzierung und auch der Organisation) zusammengefasst sind. Nach 9 bzw. 10 Jahren (in den Bundesländern unterschiedlich) endet die allgemeine Vollzeitschulpflicht. Danach besteht aber noch eine Teilzeitschulpflicht, die in unterschiedlicher Weise abgegolten werden kann:

- Besuch eines allgemeinen oder beruflichen Gymnasiums (Oberstufe) oder einer anderen allgemein bildenden Schule;
- Berufsausbildung in Ausbildungsberufen gemäß BBiG oder in Berufen nach Bundes- oder Landesrecht;
- Besuch einer beruflichen Vollzeitschule (als Vorbereitung auf eine Berufsausbildung, als Teil einer Berufsausbildung, als Vorbereitung auf die Zulassung zur Fachhochschule).

Bildung in Deutschland

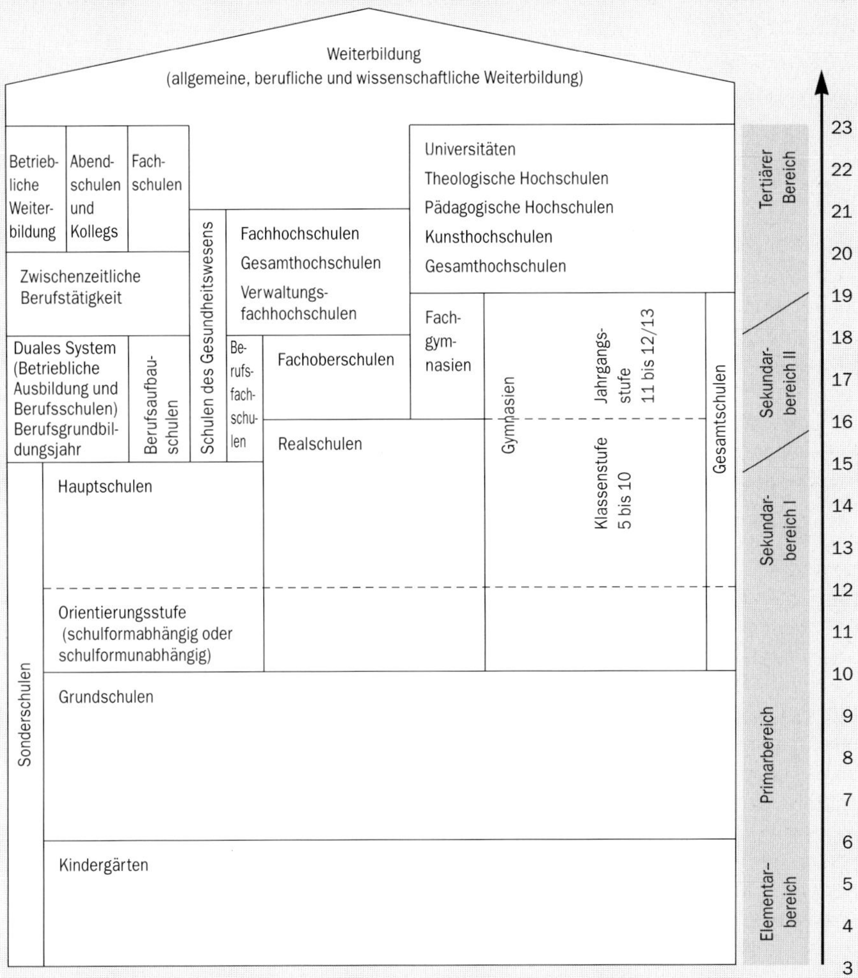

Quelle: Bundesministerium für Bildung, Wissenschaft, Forschung und Technologie

Lernfragen:

1. Wie wird das Prinzip der Differenzierung im Bildungswesen gerechtfertigt?
2. Welche Argumente sprechen für die Orientierungsstufe?

Literaturhinweise:

ANWEILER, O. (Hrsg.): Bildungspolitik in Deutschland 1945–1990. Ein historisch-vergleichender Quellenband. Bonn 1992 (Bundeszentrale für politische Bildung).

BILDUNGSKOMMISSION NRW: Zukunft der Bildung. Schule der Zukunft. Neuwied 1995.

DEUTSCHER BILDUNGSRAT, Empfehlungen der Bildungskommission: Strukturplan für das Bildungswesen. Stuttgart 1970.

43 Nach welchen Grundmustern kann die Sekundarstufe II organisiert werden?

Während die Schulformen der Sekundarstufe I (also Hauptschule, Realschule, Gesamtschule, Gymnasium-Mittelstufe) allesamt – wenn auch in unterschiedlichem Maße und mit curricularen Akzentunterschieden (zwar vergleichbare Kernfächer, aber unterschiedliche Zusatzfächer, besonders in den Sprachen) – eine allgemein bildende Funktion besitzen und lediglich der Fächerbereich „Arbeitslehre/Polytechnik/Berufswahlunterricht/Werkunterricht“ (zumeist eingeschränkt auf Haupt- und Realschule) eine kleine Brücke zur Berufs- und Arbeitswelt herstellt, ist das für die insgesamt zahlreichen Schulformen der Sekundarstufe II anders.

Die Sekundarstufe II hat nämlich – national wie international – zwei Hauptfunktionen (in unterschiedlichen Ausprägungen) und einige Mischfunktionen:

Sie soll den Schülern entweder die **Studierfähigkeit** (neben einer vertieften, teilweise auch wissenschaftspropädeutischen Allgemeinbildung) vermitteln, also die (volle oder fachgebundene) Hochschulreife verleihen, oder sie soll die Schüler oder Lehrlinge auf eine Berufsausbildung vorbereiten (mit voller oder teilweiser Anrechnung auf eine nachfolgende Berufsausbildung) oder ihnen durch eine vollständige Berufsausbildung in Ausbildungsberufen nach BBiG (oder auch nach Landes- oder Bundesrecht, vor allem in Gesundheits- und Pflegeberufen) die **Berufsfähigkeit** vermitteln. Daneben gibt es auch Schulformen, die nach einer Berufsausbildung bzw. einem Praktikum Jugendliche auf den Besuch einer Fachhochschule durch Vermittlung der Fachhochschulreife vorbereiten (Fachoberschulen; in Baden-Württemberg Berufskollegs) oder auch Erwachsenen das Nachholen von Bildungsabschlüssen ermöglichen (in Vollzeit- oder Abendschulen).

Die beiden Hauptfunktionen der Sekundarstufe II, Vermittlung von Studierfähigkeit oder Berufsausbildung, werden schulorganisatorisch üblicherweise getrennt: Gymnasium (Oberstufe) bzw. Duales System oder auch Berufsfachschule (Modell 1). Es gibt aber auch die Möglichkeit, beide Funktionen zu integrieren, und zwar in einer gesamtschulähnlichen Organisationsform, wie z. B. in Schweden (Modell 3). Und darüber hinaus ist auch noch eine Zwischenlösung möglich, nämlich eine Teilintegration in einer Schulform, in der gleichzeitig oder auch sukzessiv beide Qualifikationen erworben werden können, also Studierfähigkeit und berufliche Qualifikation (Kollegschule Nordrhein-Westfalen); in der ehemaligen DDR gab es den Bildungsgang „Berufsausbildung mit Abitur“, den etwa 5% eines Altersjahrgangs wählten. Und auch in den „alten“ Bundesländern gibt es sogenannte „doppelt qualifizierende“ Bildungsgänge, wie etwa „Assistentenausbildung mit Fachhochschulreife“.

Die Frage nach den Ursachen von Differenzierung oder Integration der Schulformen und Funktionen der Sekundarstufe II ist damit nicht beantwortet; sie liegen jedenfalls stärker in bildungs- und gesellschaftspolitischen Grundpositionen, als dass sie mit dem Grad der Differenziertheit des Beschäftigungssystems (siehe Kap. 45) zusammenhängen würden.

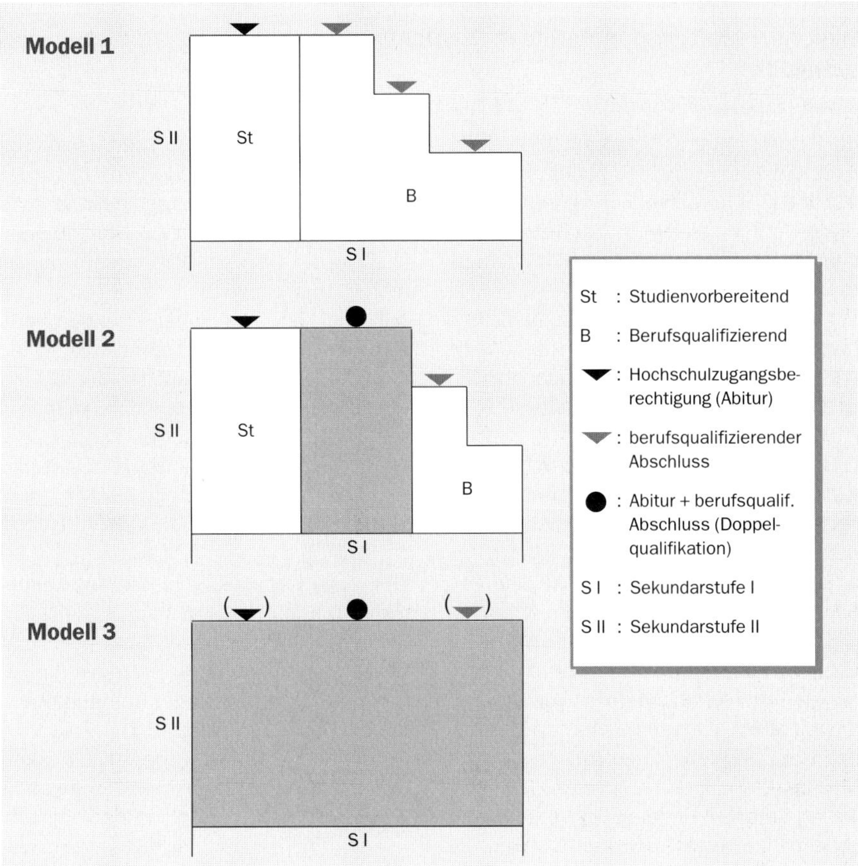

Lernfragen:

1. Gilt die Integrierbarkeit der beiden Hauptfunktionen der Sekundarstufe II für jedwede Berufsausbildung oder muss die Berufsausbildung bestimmten Merkmalen gerecht werden?
2. Welche Argumente sprechen für die schulorganisatorische Entmischung der beiden Hauptfunktionen?

Literaturhinweise:

BREMER, R. (Hrsg.): Doppelqualifikation und Integration beruflicher und allgemeiner Bildung. Bielefeld 1996.

DEUTSCHER BILDUNGSRAT: Empfehlungen der Bildungskommission: Zur Neuordnung der Sekundarstufe II. Konzept für eine Verbindung von allgemeinem und beruflichem Lernen. Bonn 1974.

LANDESINSTITUT FÜR SCHULE UND WEITERBILDUNG: Berufsqualifizierung und Studienvorbereitung in der Kollegschule. Soest 1989 (Autoren: Kell, Fingerle, Kutscha, Lipsmeier, Stratmann).

44 Welche Idealtypen beruflicher Ausbildungssysteme lassen sich unterscheiden?

Im internationalen Vergleich zeigt sich, dass die Ausbildung des Fachkräftenachwuchses unterschiedlich geregelt ist. Hierbei lassen sich in grober Betrachtung **vier Idealtypen beruflicher Bildungssysteme** unterscheiden, die sich zwar schwerpunktmäßig unterschiedlichen Ländern zuordnen lassen; vielfach existieren in einem Land aber auch mehrere Systeme parallel zueinander:

Das **informelle Modell** kennzeichnet die weltweit wohl verbreitetste Form beruflicher Bildung („das weltweit größte Ausbildungssystem"), nämlich den Erwerb beruflicher Fähigkeiten, Kentnisse und Fertigkeiten durch Mitarbeit und Lernen en passant. Dieses Modell findet sich heute vornehmlich in den informellen und traditionalen Wirtschaftssektoren von Entwicklungsländern (Lateinamerika, Afrika, Asien), wobei sich allerdings auch zeigt, dass – besonders im traditionalen Bereich – bisweilen interne Regelungen (mit Eltern, Branchenkollegen) getroffen werden, die denen der europäischen Meisterlehre des Mittelalters durchaus ähnlich sind.
Die drei weiteren Berufsbildungsmodelle Marktmodell, kooperatives Modell und Schulmodell, die auf eine Typologie von Greinert zurückgehen, unterscheiden sich in erster Linie dadurch, dass der Staat eine jeweils unterschiedliche Rolle spielt. Während dieser im **Marktmodell** (z. B. Japan, USA, Großbritannien) eine allenfalls marginale Rolle spielt und sich auf die liberalistische Funktion des „Nachtwächterstaates" zurückzieht, übernimmt er im **Schulmodell** (Frankreich, Italien) eine gestalterische Funktion, indem er gesetzliche Grundlagen schafft, auf die Einhaltung von Standards achtet und Schulen oder Ausbildungszentren ausstattet und finanziert.

Eine Zwischenstellung nimmt das **kooperative Modell** (Deutschland, Österreich, Schweiz) ein: In diesem setzt der Staat zwar Rahmenbedingungen für die kooperierenden Patner (Schule, Betriebe, Kammern, Gewerkschaften), überlässt den Betrieben jedoch weitgehend die konkrete Ausgestaltung und Umsetzung dieser Vorgaben.

Alle vier Modelle sind durch spezifische Vorzüge und Nachteile gekennzeichnet. Aus diesem Grunde ist es abwegig, nach dem besten Ausbildungssystem zu fragen („the one best mode").

Lernfragen:

1. Vergleichen Sie systematisch die Vor- und Nachteile der Modelle! Finden Sie weitere!
2. Welche Berufsbildungssysteme sind in Europa vorherrschend?
3. Wo und in welchen Situationen findet man eine Parallelität von Berufsbildungssystemen?

Typologie beruflicher Ausbildungssysteme

Typ	Informelles Modell	Marktmodell	Kooperatives Modell	Schulmodell
Beschreibung	Jugendliche erwerben durch Mitarbeit in Betrieben mehr oder weniger umfassende berufliche Fähigkeiten, Kenntnisse und Fertigkeiten	die Betriebe planen, organisieren und realisieren ihre Fachkräfteausbildung autonom und unabhängig von Vorgaben	staatliche und betriebliche Instanzen kooperieren bei der Ordnung sowie Durchführung und Kontrolle der beruflichen Bildung die Berufsausbildung	wird in Schulen oder Ausbildungszentren nach staatlichen Lehrplänen und von ausgebildeten Lehrkräften durchgeführt
Rolle des Staates	keine, allenfalls indirekt durch Militärgesetzgebung und Schulpflichtregelungen	der Staat spielt allenfalls eine marginale Rolle, er übernimmt im Berufsbildungssystem die liberalistische Rolle des „Nachtwächterstaates"	der Staat setzt für die kooperierenden Partner (Schule, Betriebe, Kammern, Gewerkschaften usw.) mehr oder weniger umfangreiche Rahmenbedingungen und überwacht die Einhaltung von Standards	staatliche Instanzen planen, organisieren, realisieren und kontrollieren die Berufsausbildung allein und nach mehr oder weniger flächendeckend eingeführten Standards
Vorzüge	hohe Aufnahmefähigkeit dieses Modells in ärmeren Ländern („das weltweit größte Ausbildungssystem")	spezialisierte Berufsbildung, Praxisbezug, kosten sparend für öffentliche Haushalte	Praxisbezug, kosten sparend für öffentliche Haushalte	breite berufliche Grundbildung
Nachteile	eng funktionsbezogene Qualifizierung ohne die Ergänzung um fachtheoretische oder allgemein bildende Elemente	Erwerb betriebsspezifischer Qualifikationen führen zu geringer Mobilität und hoher Abhängigkeit der Beschäftigten	zu enge und zu frühe Spezialisierung der Lehrlinge, häufig rasche Erschöpfung des Bedarfs der Betriebe	Erziehungsministerien reagieren zu langsam auf aktuellen Bedarf der Wirtschaft
besonders geeignet, wenn ...	findet insbesondere in Entwicklungsländern oder in marginalisierten Bereichen bereits selbstinitiiert und kontinuierlich statt	hohes Vorbildungsniveau und breite berufliche Grundbildung vorhanden	rascher technologischer Wandel, aber nicht nur	rascher technologischer Wandel, schlechter in low income countries
Beispiele	in afrikanischen, lateinamerikanischen und asiatischen Ländern	Japan, USA, Großbritannien	Deutschland	Frankreich, Italien

Literaturhinweise:

ARNOLD, R.: Neue Akzente der internationalen Berufsbildungsdebatte – Impulse für eine künftige Entwicklungszusammenarbeit im Bereich der beruflichen Bildung. In: Biermann, H., u. a. (Hrsg.): Systementwicklung in der Berufsbildung. Berichte, Analysen und Konzepte zur internationalen Zusammenarbeit. Baden-Baden 1994, S. 11–46.

CEDEFOP (Hrsg.): Vergleichende Studie über die Finanz-, Rechts- und Organisationsstruktur der Berufsbildung. BRD, Frankreich, Italien, Vereinigtes Königreich. Berlin 1981.

GREINERT, W.-D.: Das duale System der Berufsausbildung in der Bundesrepublik Deutschland. Struktur und Funktion. Eschborn 1992.

LAUTERBACH, U. (Hrsg.): Internationales Handbuch der Berufsbildung. Baden-Baden 1995.

45 Welche Zusammenhänge gibt es zwischen Berufsausbildung und ökonomischer Situation (Wirtschaftssystem, Arbeitsmarkt)?

Die Berufsausbildung ist stärker als jeder andere Bildungsbereich mit dem Wirtschaftsleben verzahnt, und zwar nicht nur quantitativ (also das Ausbildungsangebot betreffend), sondern auch strukturell (siehe Kap. 44).

Das hängt – schlicht gesagt – damit zusammen, dass dieser Bereich des Bildungssystems dem Arbeitsmarkt die dort benötigten Qualifikationen zur Verfügung stellen soll, es sei denn, der Qualifizierungsprozess erfolgt ausschließlich oder überwiegend in den Betrieben selbst (Marktmodell; siehe Kap. 44).

Nun konkurriert diese Erwartungshaltung des Wirtschaftssystems mit den Nachfragen nach Bildung/Qualifizierung der Individuen, und diese weitgehend demografisch beeinflusste Größe (andere Einflüsse: Alternativen im Bildungssystem, vor allem der Sekundarstufe II; siehe Kap. 42 und 43) ist oft nur schwer – wenn überhaupt – mit dem Arbeitskräftebedarf in Übereinstimmung zu bringen.

Mit dieser Grundproblematik beschäftigt sich die **Bildungsökonomie**, die dafür zwei idealtypische Ansätze entwickelt hat, den **Man-power Approach** und den **Social demand Approach**.

Aber nicht nur die Gesamtmenge der Qualifizierungsmöglichkeiten wird durch das Wirtschaftssystem und die jeweilige wirtschaftliche Situation (Konjunktur) beeinflusst, sondern auch die Struktur der Qualifizierungsmuster (üblicherweise in Berufe gebündelt und voneinander abgegrenzt) in ihrer horizontalen und vertikalen Differenziertheit (Grad der Ausprägung/Ausdifferenzierung von Berufen nach Wirtschaftsbereichen, -sektoren und Branchen; Niveaudifferenzierung von Berufen eines Berufsbereiches/-feldes unter hierarchischen Aspekten). Dieser gesellschaftliche Prozess der Berufekonstituierung beeinflusst in starkem Maße das Berufsbildungssystem, das seinerseits bei relativer Autonomie nur sehr eingeschränkt auf diesen Prozess Einfluss nehmen kann.

Wenn in einem Gesellschaftssystem wie beispielsweise demjenigen der Bundesrepublik Deutschland erwartet wird, dass jedem Jugendlichen eine Qualifizierungschance geboten werden muss, dann wird offenkundig, dass in allen idealtypischen Qualifizierungsmodellen (siehe Kap. 44) eine mehr oder weniger starke Konjunkturabhängigkeit besteht, da auch der Staat z. B. in Zeiten schwacher Konjunktur bei sinkenden Steuereinnahmen nur marginal als Ersatzanbieter von Ausbildungsplätzen einspringen kann, die die Wirtschaft im bei uns dominanten kooperativen Modell (duales System) nicht mehr zur Verfügung stellen will oder kann. Ganz abgesehen davon, dass es generell schwierig ist, den zukünftigen Qualifikationsbedarf des Beschäftigungssystems zu prognostizieren, hat der Staat größere Schwierigkeiten als die Wirtschaft, nachfrageorientiert auszubilden, da die Flexibilität staatlicher Maßnahmen in aller Regel geringer ist als diejenige marktorientierter Maßnahmen.

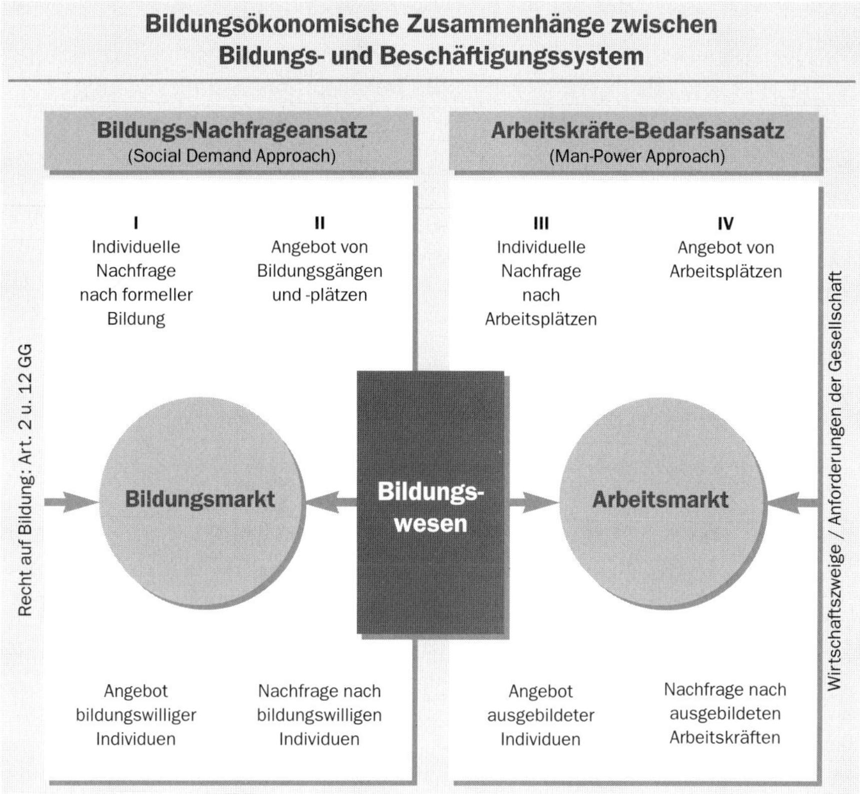

Lernfragen:

1. Welche Gründe sprechen dafür, das Bildungs- und Ausbildungssystem so zu konzipieren, dass prinzipiell jeder Jugendliche eine Qualifizierungschance erhält?
2. Worin liegen die Schwierigkeiten einer solchen Bildungs- und Berufsbildungspolitik?

Literaturhinweise:

BURKE, G., u. a.: The Economics of Education. Canberra 1993.

KLOSE, J.: Die Problematik der Abstimmung zwischen Bildungs- und Beschäftigungssystem. (BeitrAB 113). Nürnberg 1987.

MAIER, H.: Bildungsökonomie. Die Interdependenz von Bildungs- und Beschäftigungssystem. Stuttgart 1994.

WEISSHUHN, G./WAHSE, J./KÖNIG, A.: Arbeitskräftebedarf in Deutschland bis 2010. Bonn (BMBW) 1994.

46 Welche gesellschaftlichen Kräfte und Mächte sind an den Entscheidungs- und Gestaltungsprozessen der beruflichen Bildung beteiligt?

Gemäß dem schon erwähnten Grundsatz (siehe Kap. 41), dass angesichts einer von allen politischen Parteien getragenen pluralistischen Staats- und Rechtsordnung auch nicht-staatlichen Kräften und Mächten, im Allgemeinen als Interessengruppen bezeichnet, in nahezu allen Politikbereichen, so z. B. in der Sozialpolitik und in der Wirtschaftspolitik, ein mehr oder weniger starker Einfluss eingeräumt wird, gilt für die Berufsbildungspolitik, dass insbesondere die Arbeitgeber- und die Arbeitnehmerorganisationen an der Gestaltung dieses wichtigen gesellschaftlichen Bereiches beteiligt sind.
Die Bedeutung der **Gewerkschaften** und der **Arbeitgeber** (Sozialpartner) gründet vor allem auf dem Tatbestand, dass sie sich auf der Grundlage des durch Art. 9 des Grundgesetzes garantierten Koalitionsrechts „zur Wahrung und Förderung der Arbeits- und Wirtschaftsbedingungen" zu Vereinigungen zusammenschließen dürfen; die Sozialpartner können somit die Gestaltung der Arbeitswelt weitgehend in eigener Verantwortung regeln.
Das Prinzip, das diesem Zusammenspiel zwischen staatlichen Instanzen bzw. staatlichen Regelungen (Gesetze etc.) und den (sich selbst verwaltenden, staatlich nur marginal kontrollierten) gesellschaftlichen Interessengruppen zu Grunde liegt, heißt **Subsidiaritätsprinzip** (subsidium = Beistand): Dem Staat fällt lediglich die helfende Ergänzung der Selbstverantwortung kleiner Gemeinschaften zu, etwa der Familie, oder auch der größeren Interessengruppen in den sozialen und wirtschaftlichen Bereichen.

Gemäß diesem Grundsatz verantworten der Staat (Bund, Länder; siehe Kap. 41), die Arbeitgeber- und die Arbeitnehmerorganisationen die Berufsbildungspolitik gemeinsam in den gesetzlich dafür vorgesehenen Gremien, allerdings mit jeweils unterschiedlichen Paritäten:
In dem wichtigsten Ausschuss, dem Hauptausschuss beim Bundesinstitut für Berufsbildung (§ 8 Berufsbildungsförderungsgesetz) besitzen die Arbeitgeber und die Arbeitnehmer je 25% der Stimmen, ebenso im Ständigen Ausschuss (§ 8a); im Länderausschuss als Unterausschuss des Hauptausschusses (besonders wichtig für die Abstimmung der Ausbildungsordnungen des Bundes mit den Rahmenlehrplänen der Länder) sind sie in der Minderheit, und bei den Landesausschüssen in den 16 Bundesländern (§ 54 BBiG) haben sie je sogar Drittelparität (das 3. Drittel der Sitze fällt den obersten Landesbehörden zu).
Und auch in den zahlreichen Berufsbildungsausschüssen der zuständigen Stellen (§ 56 BBiG) haben Arbeitgeber und Arbeitnehmer je ein Drittel der Sitze; faktisch bestimmen diese beiden „Blöcke" jedoch die Berufsbildungspolitik der zuständigen Stelle, da das 3. Drittel der Sitze (Lehrer an berufsbildenden Schulen) nur Beratungskompetenz besitzt.
In allen diesen Gremien ist das (rechtlich nicht abgesicherte) **Konsensprinzip** wirksam: Arbeitgeber, Gewerkschaften und Staat versuchen tragfähige Kompromisse auszuhandeln, was in der Regel funktioniert und die Akzeptanz des dualen Systems sichert.

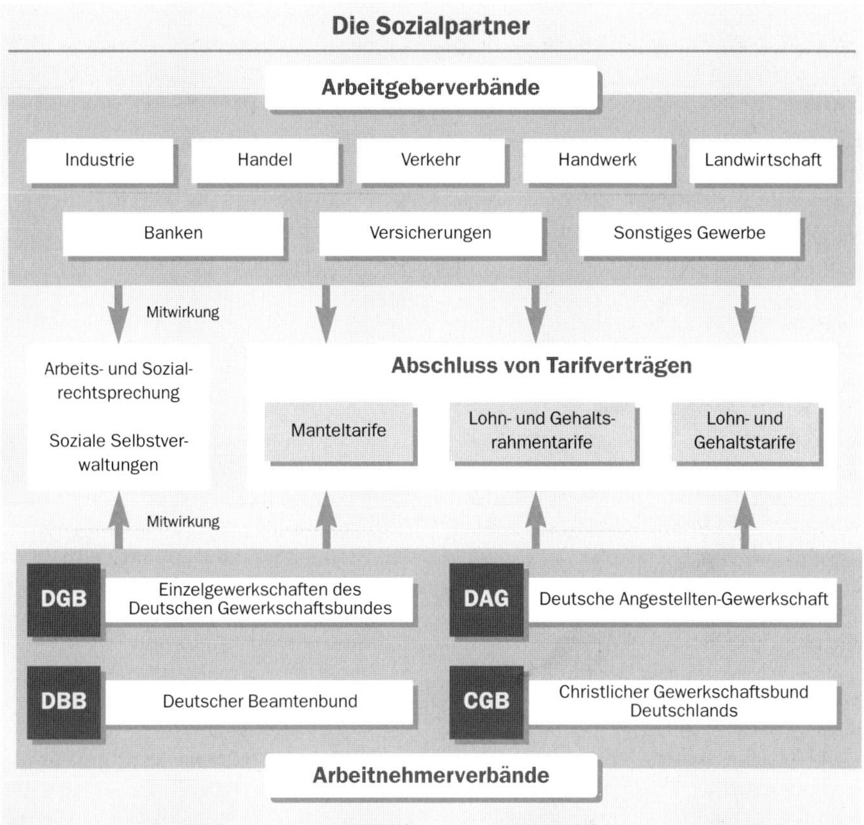

Lernfragen:

1. Was veranlasst den Staat, gesellschaftlichen Gruppen (Arbeitgebern, Arbeitnehmern) Einfluss auf die Berufsausbildung zu gewähren?
2. Warum ist die Wirtschaft (Arbeitgeber) nicht allein oder überwiegend für die Berufsausbildung zuständig, zumal sie doch den größten Teil der Kosten trägt?

Literaturhinweise:

BAETHGE, M.: Ausbildung Herrschaft. Unternehmerinteressen in der Bildungspolitik. Frankfurt o. J. (1970)
INFORMATIONEN ZUR POLITISCHEN BILDUNG: Interessenverbände. 4/96 (Nr. 253.)
KELL, A.: Die Vorstellungen der Verbände zur Berufsausbildung. Bde. I/II, Berlin (MPI) 1970
TRIESCH, E.-G./OCKENFELS, W.: Interessenverbände in Deutschland. Ihr Einfluss in Politik, Wirtschaft und Gesellschaft. München 1995.

47 Wie sind die Zuständigkeiten in der beruflichen Bildung geregelt?

Auf der obersten Ebene, der Bundesebene, sind die Zuständigkeiten in der beruflichen Bildung durch das Grundgesetz geregelt (siehe Kap. 41): Der Bund hat die Kompetenz zur ordnungspolitischen Regelung der Berufsausbildung in den Betrieben und die Länder sind für die Berufsausbildung in den Schulen zuständig. Das ist sozusagen die Systemebene.

Der Bund steuert über das **Berufsbildungsgesetz** mit dem wohl wichtigsten Instrument, für das er letztlich allein verantwortlich zeichnet (Bundesminister für Wirtschaft oder sonst zuständiger Fachminister im Einvernehmen mit dem Bundesminister für Bildung, Wissenschaft, Forschung und Technologie), nämlich der **Ausbildungsordnung** (§ 25 BBiG), nicht nur die Anzahl und die Struktur der Ausbildungsberufe, sondern auch die Inhaltlichkeit der betrieblichen Berufsausbildung.

Wichtige Bestandteile einer Ausbildungsordnung sind nämlich das **Ausbildungsberufsbild** (Fertigkeiten und Kenntnisse, die Gegenstand der Berufsausbildung sind) und der **Ausbildungsrahmenplan** (Anleitung zur sachlichen und zeitlichen Gliederung) sowie die Prüfungsanforderungen.

Die Länder regeln über die Schulgesetzgebung nicht nur die Schulpflicht (so auch die Pflicht zum Besuch der Berufsschule), die Schulorganisation und die Ausbildung und Besoldung des Lehrpersonals, sondern sie sind auch für das wichtigste Steuerungsinstrument, nämlich die **Lehrpläne** (die allerdings mit den Ausbildungsordnungen abgestimmt sein müssen; vgl. Kap. 49) und die Stundentafeln, verantwortlich. In der Abstimmung zwischen den Ausbildungsordnungen und den schulischen Rahmenlehrplänen spielt der **Länderausschuss** (§ 9 Berufsbildungsförderungsgesetz) im Verein mit dem **Ständigen Ausschuss** (§ 8a) eine wichtige Rolle.

Dem **Hauptausschuss des Bundesinstituts** (§ 8 Berufsbildungsförderungsgesetz) kommt eine besondere Bedeutung zu, da er zum einen über die Angelegenheiten des Bundesinstituts beschließt und zum anderen die Bundesregierung in grundsätzlichen Fragen der Berufsbildung berät; darüber hinaus kann er eine Stellungnahme zum jährlich zu erstellenden Entwurf des Berufsbildungsberichts (§ 3 Berufsbildungsförderungsgesetz) abgeben.

Der **Ständigen Konferenz der Kultusminister** (KMK) fällt innerhalb des „kooperativen Kulturföderalismus“ (vgl. Kap. 41) die Funktion zu, das „notwendige Mindestmaß an Gemeinsamkeit und Vergleichbarkeit im Bildungswesen der Bundesrepublik Deutschland zu gewährleisten“ (KMK 1991). Das bedeutet für die Berufsausbildung, dass die beiden wichtigsten Steuerungsinstrumente für die beiden Hauptlernorte (Betrieb, Berufsschule), nämlich die Ausbildungsordnungen und die Rahmenlehrpläne, aufeinander abgestimmt werden müssen. Auf der betrieblichen Seite geschieht das in den oben erwähnten Ausschüssen beim Bundesinstitut, auf der schulischen Seite in einem Unterausschuss der KMK; letztlich erfolgt dann die endgültige Abstimmung in gemeinsamen Sitzungen.

Die **zuständigen Stellen** (Kammern) überwachen die Durchführung der Berufsausbildung in den Betrieben, fördern die Berufsausbildung durch Beratung der Ausbildenden und der Auszubildenden und sind für die Abnahme der Zwischen- und Abschlussprüfungen (einschließlich des Erlassens von Prüfungsordnungen) zuständig.

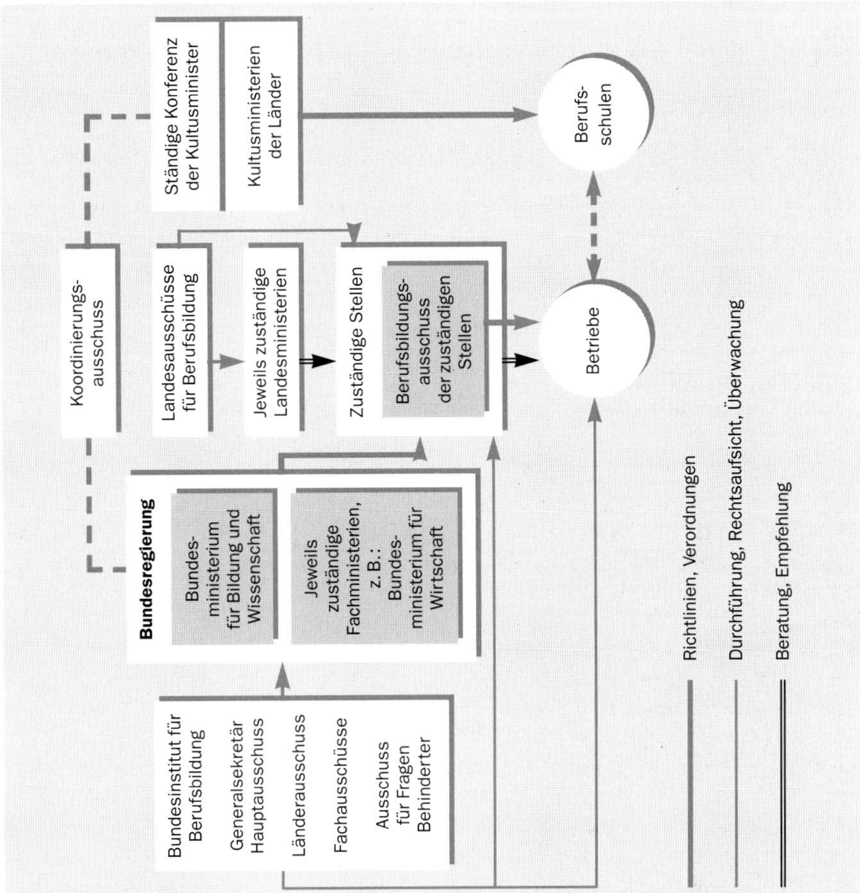

nach J. Münch: Das Berufsbildungssystem der Bundesrepublik Deutschland. Berlin 1994, S. 78

Lernfragen:

1. Was mögen wohl die tieferen Gründe dafür sein, dass für die Berufsbildung nicht nur eine einzige zentrale Zuständigkeit geschaffen worden ist?
2. Warum benötigen die Länder einen gewissen Gestaltungsspielraum für ihre Berufsschullehrpläne, obwohl es doch einen (relativ unverbindlichen) Rahmenlehrplan auf Bundesebene gibt?

Literaturhinweise:

ARNOLD, R./MÜNCH, J.: Fragen und Antworten zum Dualen System der deutschen Berufsausbildung. Bonn (BMBF) 1995.

KELL, A./LIPSMEIER, A.: Berufsbildung in der Bundesrepublik Deutschland. Analyse und Kritik. Hannover 1976.

MÜNCH, J.: Das Berufsbildungssystem der Bundesrepublik Deutschland. Berlin (CEDEFOP) 1994.

48 Was wird durch das Berufsbildungsgesetz (BBiG) von 1969 geregelt?

Rechtliche Regelungen zur Formalisierung der Berufsausbildung sind seit alters her bekannt: Lehrverträge, die das Erlernen eines Berufes als Rechtsverhältnis zwischen einem Jugendlichen und einem Experten (Meister) regelten, gab es schon in Altgriechenland und in Mesopotamien, also etwa 500 bis 1000 Jahre vor unserer Zeitrechnung.

Da sich die Berufsausbildung in Europa im Wesentlichen in der unternehmerischen Privatsphäre entwickelte, hat es auch die (freilich spärlichen) berufsbildungsrechtlichen Regelungen lediglich innerhalb des **Wirtschafts- und Arbeitsrechts** gegeben. Bis zur Verabschiedung des Berufsbildungsgesetzes (BBiG) war die Berufsausbildung in der Bundesrepublik Deutschland auf der Basis des allgemeinen Dienstvertragsrechts des Bürgerlichen Gesetzbuches (BGB) durch das Handelsgesetzbuch vom 10.5.1897 normiert gewesen, weiterhin durch die Gewerbeordnung (1869/71) vom 26.7.1900 (in der Fassung vom 7.10.1968), die Handwerksordnung vom 17.9.1953 (in der Fassung vom 28.12.1965) und durch das Gesetz über die Industrie- und Handelskammern vom 18.12.1956. (Die gültigen Fassungen der erwähnten Gesetze haben andere Daten.)

Die große Koalition verabschiedete dann nach einer mehrere Jahre kontrovers geführten Debatte (u. a. zwei öffentliche Hearings) am 14.8.69 das BBiG. Dieses Gesetz hat erheblich zur Verfestigung der seit etwa 1900 überkommenen Struktur der dualen Berufsausbildung beigetragen. Das verdient deswegen hervorgehoben zu werden, weil dieses Gesetz lediglich für die Berufsausbildung in den **Betrieben** gilt (§ 2 BBiG: Geltungsbereich), womit die Regelung der Berufsbildung in Schulen, in einem öffentlich-rechtlichen Dienstverhältnis, auf Kauffahrteischiffen und in Heil- und Heilhilfsberufen (§ 107 BBiG) ausgeschlossen ist; es war nämlich nicht gelungen, über eine Verfassungsänderung die Berufsschule in dieses Gesetz einzubeziehen.

Gleichwohl wird die **Berufsschule** an verschiedenen Stellen gewissermaßen in dieses Gesetz einbezogen, so u. a. durch

- § 6, 1 (4): Der Ausbildende muss den Auszubildenden zum Besuch der Berufsschule anhalten;
- § 29, 1: Auf die Berufsausbildung kann der Besuch einer berufsbildenden Schule ganz oder teilweise per Rechtsordnung angerechnet werden;
- § 35: In der Abschlussprüfung ist auch zu prüfen, ob der Prüfling u. a. „mit dem im Berufsschulunterricht vermittelten, für die Berufsausbildung wesentlichen Lehrstoff vertraut ist“.

Darüber hinaus regelt das BBiG umfassend nahezu alle Details der Berufsausbildung, die rechtlich relevant sind (siehe Übersicht).

Wichtige ergänzende Gesetze sind:

- Jugendarbeitsschutzgesetz vom 12.4.1976 (zuletzt geändert am 1.3.97);
- das Betriebsverfassungsgesetz vom 15.1.1972;
- das Berufsbildungsförderungsgesetz vom 23.12.1981;
- das Arbeitsförderungsgesetz vom 25.4.1969.

Zentrale Regelungsbereiche des Berufsbildungsgesetzes

Regelungsbereiche	Detailregelungen	§§
Definitionen Geltungsbereich	Berufsbildung, Berufsausbildung, berufliche Fortbildung, berufliche Umschulung	1
Berufsausbildungsverhältnis	Begründung, Inhalt, Beginn und Beendigung, Probezeit, Kündigung, Urlaub usw.	3–19
Ausbildungspersonal, Ausbildungsbetrieb	Persönliche und fachliche Eignung, Eignungsfeststellung, Eignung der Ausbildungsstelle	20–24
Ausbildungsberuf, Ausbildungsordnungen	Regelungsbereiche und Ausschließlichkeitsgrundsatz der Ausbildungsordnung, Stufenausbildung, Verzeichnis der Ausbildungsverhältnisse	25–33
Prüfungen	Prüfungsausschüsse, Zulassungen, Prüfungsordnungen, Zwischen- und Abschlussprüfungen	34–43
Regelungen und Überwachung der Berufsausbildung	Zuständige Stellen, Ausbildungsberater, Landesausschüsse	44–45 50–59
Berufliche Fortbildung, berufliche Umschulung	Prüfungen, Rechtsverordnungen, berufliche Bildung Behinderter	46–49

Lernfragen:

1. Warum kann die Berufsschule nicht in die Regelungen des BBiG einbezogen werden?
2. Welche Rechte und Pflichten hat ein Auszubildender? (bitte im BBiG nachlesen)
3. Welche Rechte und Pflichten hat ein Ausbildender? (bitte im BBiG nachlesen)

Literaturhinweise:

BMBF: Rechtsprechung zur Berufsbildung. Ausgewertet von F.H. Fredebeul. Bonn 1995.

HURLEBAUS, H.-D.: Rechtsratgeber Berufsbildung. Handbuch für die Praxis. 9. Aufl., Bonn (DIHT) 1993.

PÄTZOLD, G. (Hrsg.): Quellen und Dokumente zur Geschichte des Berufsbildungsgesetzes 1875–1981. Köln/Wien 1982.

WOHLGEMUTH, H. H.: BBiG Berufsbildungsgesetz-Kommentar für die Praxis. 2. Aufl., Köln 1995.

49 Mit welchen Verfahren werden Ausbildungsordnungen erstellt und wie wird die Übereinstimmung zwischen den betrieblichen Ausbildungsordnungen und den schulischen Rahmenlehrplänen gesichert?

In der Bundesrepublik Deutschland ist gemäß Berufsbildungsförderungsgesetz (BerBiFG) vom 23.12.1981 (in der Fassung vom 12.1.1994) ein zentrales, von der Bundesregierung finanziertes Institut, das **Bundesinstitut für Berufsbildung (BIBB)**, für die Vorbereitung und Erarbeitung von Ausbildungsordnungen zuständig (§ 6, 2a); daneben hat dieses Institut noch andere wichtige Aufgaben, wie z. B. die Vorbereitung des jährlichen Berufsbildungsberichts und die Durchführung der Berufsbildungsstatistik. Die Zuständigkeit des BIBB umfasst den Auftrag, die Grundlagen, die Ziele und die Inhalte beruflicher Bildung zu klären und Vorschläge für die Anpassung bestehender Ausbildungsordnungen an die technische, wirtschaftliche und gesellschaftliche Entwicklung zu erarbeiten.

Diese Vorschläge werden in Beratungen zwischen Vertretern der Arbeitgeber, der Gewerkschaften, der Bundesländer und der Bundesregierung erörtert und grundsätzlich einvernehmlich (Konsensprinzip; siehe Kap. 46) beschlossen, um dann als Rechtsverordnung vom Bundesminister für Wirtschaft oder dem sonst zuständigen Fachminister (im Einvernehmen mit dem BMBF) erlassen zu werden.

Um **Ausbildungsordnungen** entwickeln zu können, die tatsächlich den aktuellen und künftigen Anforderungen in der Wirtschaft gerecht werden, ist es – vor allem bei neuen Ausbildungsberufen oder bei grundsätzlichen Revisionen („Anpassung an die technischen, wirtschaftlichen und gesellschaftlichen Erfordernisse und deren Entwicklung"; § 25,1 BBiG) – häufig notwendig, empirische Untersuchungen durchzuführen; hierfür werden vom BIBB Tätigkeitsanalysen, Betriebs- und Expertenbefragungen sowie Literaturanalysen durchgeführt, auf deren Grundlage dann zusammen mit den Spitzenverbänden der Wirtschaft und den Arbeitnehmerorganisationen die bildungspolitischen Eckwerte in einem so genannten Antragsgespräch beim Bundesminister für Wirtschaft (oder dem sonst zuständigen Fachminister) festgelegt werden.

Im Rahmen der bildungspolitischen Eckwerte entwickelt das BIBB gemeinsam mit den Sachverständigen der Sozialpartner einen Entwurf einer Ausbildungsordnung.

Das Problem der vielfachen Parallelität schulischer Rahmenlehrpläne zu den bundeseinheitlichen Ausbildungsordnungen für die betriebliche Berufsausbildung veranlasste die zuständigen Ministerien, nach dem Inkrafttreten des BBiG zu überlegen, wie eine bessere Zusammenarbeit zwischen Bund und Ländern im Hinblick auf den gemeinsamen Bildungsauftrag von Betrieb und Berufsschule erreicht werden kann und auf welche Weise sich die Ausbildungsordnungen des Bundes mit den Rahmenlehrplänen der Länder abstimmen lassen.

Das Ergebnis der offiziellen Beratungen ist das bis heute gültige „Gemeinsame Ergebnisprotokoll" vom 30.5.1972, dem sowohl die Bundesregierung als auch die KMK zugestimmt haben und das dadurch den Charakter einer im Zuge des kooperativen Kulturföderalismus (siehe Kap. 41) getroffenen Verwaltungsvereinbarung erhalten hat. Das Verfahren der **Abstimmung** geht im Prinzip aus der nebenstehenden Abbildung hervor; in Wirklichkeit ist es komplexer (vgl. Benner/Püttmann 1992).

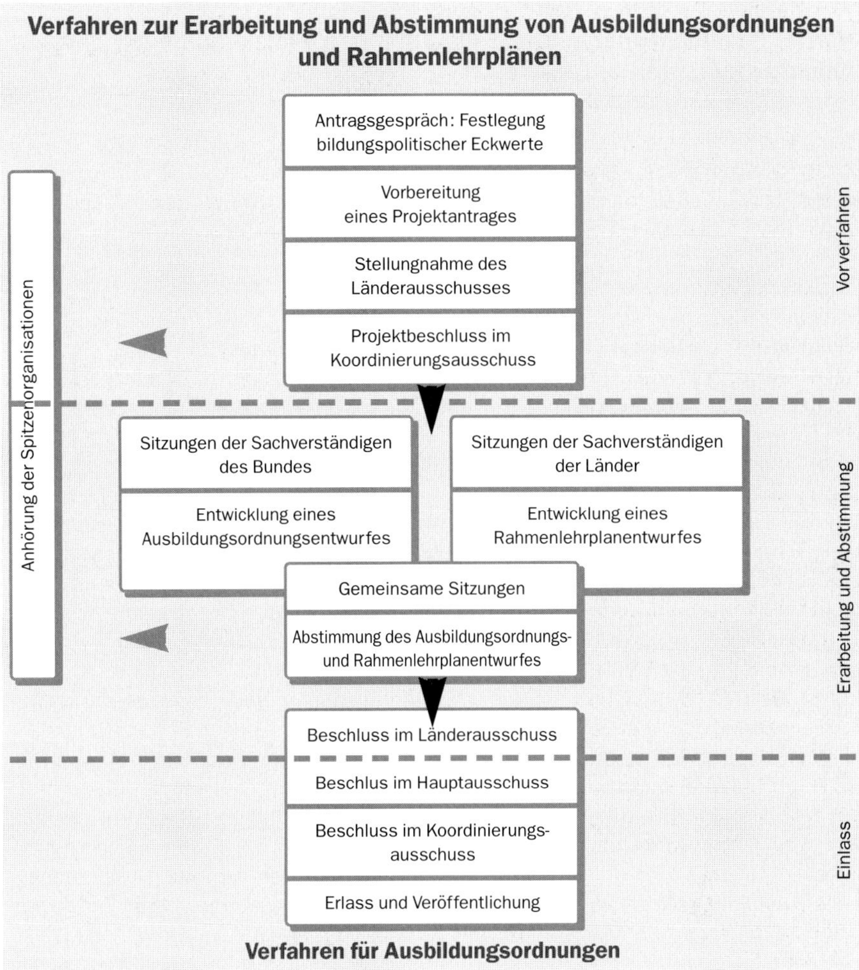

Lernfragen:

1. Welche Gründe sprechen dafür, die Ausbildungsordnungen für die betriebliche Berufsausbildung mit den Rahmenlehrplänen für die schulische Berufsausbildung auf Bundesebene abzustimmen?
2. Warum müssen die Sozialpartner an der Erarbeitung der Ausbildungsordnungen beteiligt werden?

Literaturhinweise:

ARNOLD, R./MÜNCH, J.: Fragen und Antworten zum Dualen System der deutschen Berufsausbildung. Bonn (BMBF) 1995.
BENNER, H./PÜTTMANN, F.: 20 Jahre Gemeinsames Ergebnisprotokoll. Bonn (BMBW/ KMK) 1992.
BENNER, H.: Ordnung der staatlich anerkannten Ausbildungsberufe. Bielefeld 1995.
BIBB: Ausbildungsordnungen und wie sie entstehen ... Berlin/Bonn (BIBB) 1994.

50 Welche organisatorischen und didaktischen Prinzipien liegen den Ausbildungsordnungen zu Grunde?

Gemäß BBiG hat der Ausbildende (also der „Betrieb") dafür zu sorgen,

- „dass dem Auszubildenden die Fertigkeiten und Kenntnisse vermittelt werden, die zum Erreichen des Ausbildungszieles erforderlich sind",

und er hat weiterhin

- „die Berufsausbildung in einer durch ihren Zweck gebotenen Form planmäßig, zeitlich und sachlich gegliedert so durchzuführen, dass das Ausbildungsziel in der vorgesehenen Ausbildungszeit erreicht werden kann" (§ 6,1).

Die wichtigste Grundlage für die Planung, Organisation, Durchführung und Kontrolle der betrieblichen Berufsausbildung, die den Anforderungen gemäß § 6 BBiG gerecht wird, heißt **Ausbildungsordnung** (§ 25 BBiG, § 25 HwO), früher „Berufsbild" genannt. Sie soll „eine geordnete und einheitliche Berufsausbildung" gewährleisten (§ 25,1 BBiG) und enthält mindestens folgende Festlegungen (§ 25,2 BBiG):

- die **Bezeichnung des Ausbildungsberufes**,
- die **Ausbildungsdauer**, die nicht mehr als drei und nicht weniger als zwei Jahre betragen soll,
- die Fertigkeiten und Kenntnisse, die Gegenstand der Berufsausbildung sind (**Ausbildungsberufsbild**),
- eine Anleitung zur sachlichen und zeitlichen Gliederung der Fertigkeiten und Kenntnisse (**Ausbildungsrahmenplan**) und
- die **Prüfungsanforderungen**.

Die Anzahl der Ausbildungsordnungen ist stetig reduziert worden; gab es nach 1945 etwa 900 verschiedene „Berufsbilder", so sind es gegenwärtig (1996) nur noch 364. Das ist einerseits erstaunlich, da doch Wirtschaft und Technik immer differenzierter und komplexer werden. Andererseits ist diese Reduzierung aber auch erklärlich, da seit etwa 30 Jahren auf der Basis des BBiG ein neues Strukturierungs- und Ordnungsprinzip immer stärker in den Ausbildungsordnungen Berücksichtigung findet, nämlich das **Prinzip der Grundbildung**. Denn in § 1 des Berufsbildungsgesetzes ist festgelegt, dass die Berufsausbildung „eine breit angelegte berufliche Grundbildung" (und darüber hinaus natürlich auch eine Fachbildung) zu vermitteln hat. Diese Grundbildung ist nicht nur ein didaktisches, sondern auch ein organisatorisches Prinzip; es hat nämlich dazu geführt, dass immer mehr verwandte Berufe zusammengefasst worden sind, und zwar nicht nur in der ersten Stufe, sondern auch durch die stufenweise Zurücknahme einer besonders vor 1969 allzu weit getriebenen Spezialisierung.

Auf diese Weise sind vier Grundtypen von Ausbildungsordnungen entstanden (siehe nebenstehende Übersicht); der eine Typ, nämlich die Stufenausbildung, ist auch besonders im BBiG hervorgehoben (§ 26) und verkörpert das Prinzip von Grund- und Fachbildung in reinster Weise. Die Stufenausbildung war allerdings in den 70er-Jahren dadurch in Misskredit geraten, dass unter Bedarfsaspekten vielfach die Stufe der Fachbildung betrieblicherseits nicht angeboten wurde (bes. bei den industriellen Elektroberufen). Inzwischen wird dieses Modell jedoch unter den Aspekten von Flexibilisierung und Differenzierung der Berufsausbildung wieder stärker praktiziert. Auch wird der Detaillierungsgrad der Ausbildungsordnungen neuerdings wieder etwas zurückgenommen, um den Betrieben Spielräume zur inhaltlichen Ausfüllung zu eröffnen.

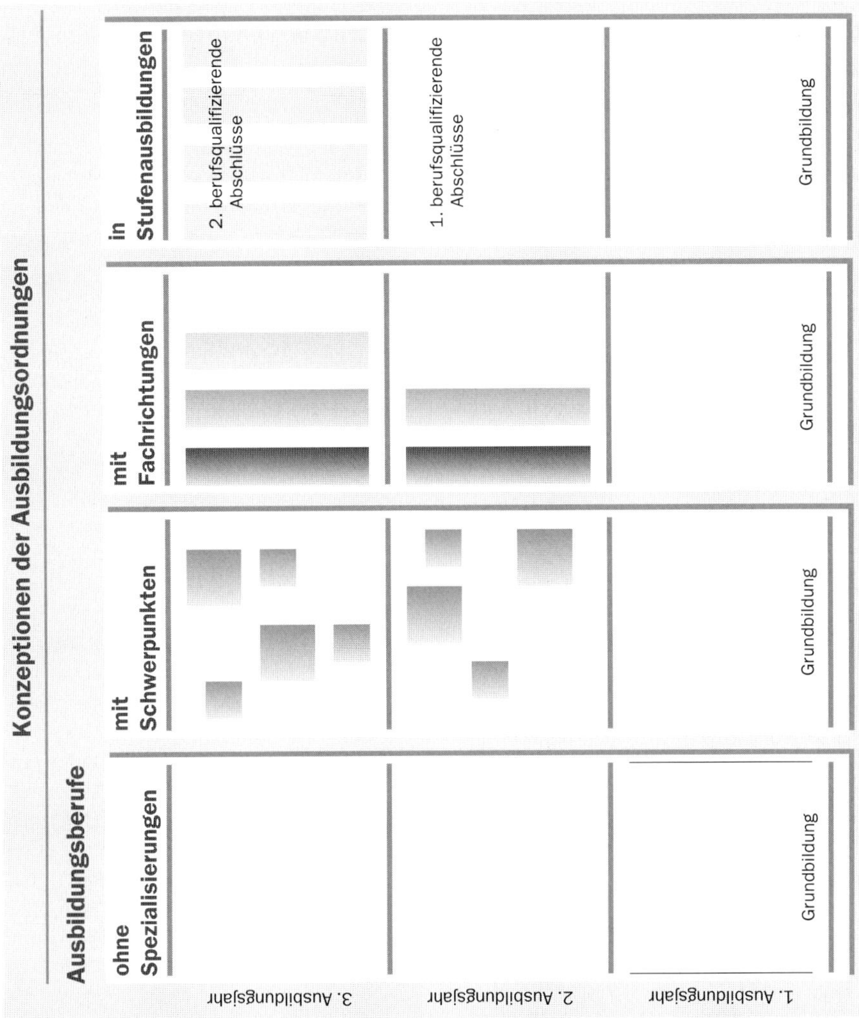

Lernfragen:

1. Versuchen Sie mit Hilfe des BBiG zu ermitteln, was Gegenstand der Abschlussprüfung ist.
2. Ausbildungsberufsbild und Ausbildungsrahmenplan regeln Fertigkeiten und Kenntnisse der Berufsausbildung. Sind die Verhaltensweisen (affektiver Lernzielbereich) im BBiG vergessen worden?

Literaturhinweise:

BENNER, H.: Ordnung der staatlich anerkannten Ausbildungsberufe. Bielefeld 1995.

BUNDESINSTITUT FÜR BERUFSBILDUNG: Verzeichnis der anerkannten Ausbildungsberufe und Verzeichnis der zuständigen Stellen (jährlich; Bundesanzeiger und Bertelsmann Verlag).

51 Wie haben sich die informelle und die rechtliche Konstituierung des dualen Systems entwickelt?

Die Geschichte des dualen Systems hat zwei unterschiedliche Wurzeln, bezogen auf die beiden (Haupt-)Lernorte dieses Systems:

Der **Lernort „Betrieb“** ist sehr alt, wenn natürlich auch nicht so alt wie die Geschichte der Menschheit (2 bis 4 Millionen Jahre, je nach Definition des Menschseins); aber über hunderttausende von Jahren war die Weitergabe des „Kulturgutes“, also der für das Überleben notwendigen Fertigkeiten und Erfahrungen (in Ansätzen sicher auch Kenntnisse), problemlos und in einfachen Formen (Imitatio-Prinzip: Nachmachen) möglich. Weder spezielle Formen der Lokalisierung und Organisation von Arbeit („Betriebe“) noch besondere Vorkehrungen für die Weitergabe des „Kulturgutes“ (außer dem Nützlichen und Notwendigen sicherlich auch mehr und mehr Zweckfreies, z. B. Religiöses und Künstlerisches) waren erforderlich.

Mit dem Sesshaftwerden von Menschen und dem Prozess der Arbeitsteilung sowie dem damit verbundenen Prozess der Konstituierung von Berufen haben sich auch Frühformen von Betrieben, die Werkstätten von Experten („Meistern“), herausgebildet, in denen dann auch die Lernprozesse der nachwachsenden Generation (in aller Regel beschränkt auf männliche Jugendliche) mehr und mehr geregelt (formalisiert) werden konnten (Meisterlehre, auch schon in Altgriechenland auf der Basis von Lehrverträgen). Damit war der eine Lernort des dualen Systems geboren.

Besondere Einrichtungen zur Weitergabe des Wissens, und zwar nicht nur des Erfahrungswissens, sondern auch des systematischen Wissens (der „Theorien“), also **Schulen**, entstanden sehr viel später, im Bereich der Handwerker- und Kaufleuteausbildung erst im Mittelalter (ab dem 14. Jh.) als Rechenschulen, Zeichenschulen etc.; erst im 17. und 18. Jh. kamen Fortbildungsschulen (religiöse, gewerbliche) hinzu, allerdings auf freiwilliger Basis.

Das ist, in kurzen Zügen, die Institutionsgeschichte. Eine neue Situation entstand mit der Gewerbeordnung des Norddeutschen Bundes von 1869 bzw. des Deutschen Reiches von 1871; jetzt konstituierte sich so langsam das **duale System**, also das Zusammenwirken zweier Lernorte in der Berufsausbildung von Lehrlingen, ohne dass es diesen Begriff schon gegeben hätte (erstmals im Gutachten des Deutschen Ausschusses für das Erziehungs- und Bildungswesen von 1964). Das BBiG von 1969, die Schulpflichtgesetze und sonstigen Regelungen der Länder sowie die Aktivitäten der KMK im Rahmen des kooperativen Kulturföderalismus (siehe Kap. 41 und 47) haben dann zur (informellen) Konstituierung des dualen Systems beigetragen; denn angesichts der rechtlichen Situation, die durch das Grundgesetz gegeben ist, kann es kein einheitliches, umfassendes Gesetz zur Regelung des „deutschen Modells“ der Berufsausbildung geben.

Lernfragen:

1. Was versteht man unter „Freistellung zum Besuch der Berufsschule“ und welche Bedeutung hat dieser Grundsatz für das duale System?
2. Welche Vor- und welche Nachteile hätte ein einheitliches, umfassendes Gesetz für die Berufsausbildung?

1 Begriffsgeschichte

2 Institutionsgeschichte

3 Rechtsgeschichte

Gewerberecht (Gewerbeordnung 1869/1871)

§ 120: Freistellung für den Besuch der Fortbildungsschule (Pflicht zum Besuch der FBS per Landesgesetz oder per statuarischer Bestimmung der Gemeinde = Ortsstatut)

§ 127: Lehrherr ist verpflichtet, den Lehrling „zum Besuche der Fortbildungs- oder Fachschule anzuhalten und den Schulbesuch zu überwachen“.

4 Schulrecht der Länder

Gewerberecht (Gewerbeordnung 1869/1871)

a) Schulpflichtgesetze
b) Verordnungen, Erlasse, z. B. NW, Verordnungen über die Bildungsgänge in der Berufsschule, 5.12.1989: Die Berufsschule „arbeitet mit den Ausbildungbetrieben sowie den zuständigen Stellen ... zusammen“ (§2)

5 KMK

- Abstimmung Ausbildungsordnungen/Rahmenlehrpläne (gem. Ergebnisprotokoll, 30.5.1972)
- Rahmenvereinbarung über die Berufsschule vom 14./15.3.1991: „Die Berufsschule und die Ausbildungsbetriebe erfüllen in der dualen Berufsausbildung einen gemeinsamen Bildungsauftrag“ (1.1)
- Schulstoffklausel (Benner 1976, S. 91)

6 BBiG (indirekt)

- § 1,5: Berufsbildung in Betrieben sowie in beruflichen Schulen
- § 2,1: Schulgesetze der Länder
- § 6,1 (4): Zum Besuch der Berufsschule anhalten
- § 29: Anrechnung des Besuchs einer berufsbildenden Schule
- § 37,2: Prüfungsausschuss (ein Lehrer)
- § 9,1 § 12,1 (1)
- § 35: Prüfung: „für die Berufsausbildung wesentlicher Lehrstoff“ (§ 35)
- § 7: Freistellung zum Besuch
- Ausbildungsordnung: Einige enthalten „Wirtschaftskunde“

Literaturhinweise:

BLANKERTZ, H.: Bildung im Zeitalter der großen Industrie. Pädagogik, Schule und Berufsbildung im 19. Jahrhundert. Hannover 1969.

STRATMANN, K.: Die gewerbliche Lehrlingserziehung in Deutschland. Modernisierungsgeschichte der betrieblichen Berufsbildung. Bd. 1: Berufserziehung in der ständischen Gesellschaft. Frankfurt 1993.

STRATMANN, K./SCHLÖSSER, M.: Das duale System der Berufsbildung. Eine historische Analyse seiner Reformdebatten. Frankfurt 1990.

52 Wodurch wird die hohe Ausbildungsquote des dualen Systems (etwa 60% eines Altersjahrganges) erreicht?

Die gesellschaftliche und die ökonomische Qualität von Ausbildungssystemen verschiedener Länder kann man nach unterschiedlichen Kriterien beurteilen, die nur zum Teil verallgemeinerbar und damit für alle Länder anwendbar sind. Allgemein gültig und weitgehend akzeptiert sind zwei Kriterien (siehe auch Kap. 45):

- Die Gesellschaft, und das ist in erster Linie der Staat, sollte möglichst vielen Jugendlichen (nach Möglichkeit allen) nach Beendigung der (in den einzelnen Ländern unterschiedlich langen) Pflichtschulzeit die Möglichkeit geben, eine ihren Wünschen entsprechende Ausbildung zu durchlaufen.
- Das Qualifikationsprofil der Bürger sollte in quantitativer und qualitativer Hinsicht dem aktuellen, aber auch dem zukünftigen Bedarf der Gesellschaft (insbes. der Wirtschaft) entsprechen.

Für die Phase nach Beendigung der Schulpflicht (in der Regel sind die entsprechenden Schulen dem Primarbereich und dem Sekundarbereich I zugeordnet) gibt es für die Sekundarstufe II zwei Grundmuster der Qualifizierung (s. Kap. 43): Studienvorbereitung und/oder Berufsqualifizierung. Die **Qualifizierung** für eine berufliche Tätigkeit ist, je nach Komplexitäts- und Differenzierungsgrad des jeweiligen Wirtschaftssystems, eine nach Arten und Niveaustufen äußerst komplizierte und differenzierte Angelegenheit, und die Qualifizierungsprozesse können darüber hinaus in einer Vielzahl von organisatorischen Modellen vorgenommen werden (s. Kap. 44).

In der Bundesrepublik hat sich, historisch bedingt, als Hauptqualifizierungsmodell das duale System herausgebildet. In diesem System sind in der „Hochphase“, den 60er- und 70er-Jahren, etwa 65% eines Altersjahrganges ausgebildet worden, eine Quote, die weltweit unübertroffen ist und mit keinem anderen Qualifizierungsmodell erreicht werden kann.

Was hat diesem System diese Attraktivität verliehen und diesen Zulauf gesichert? Zunächst sind es die **wirtschaftlichen Randbedingungen**: relativ kontinuierliches Wirtschaftswachstum und geringe Arbeitslosenquote auf der einen Seite sowie ein Qualifikationsbedarf des Beschäftigungssystems auf der anderen Seite, der der gewachsenen Struktur und Leistungsfähigkeit des Systems in nahezu idealer Weise entsprach: Facharbeiter/Gesellen und damit Dominanz des Produktionssektors, gemessen an der Verteilung aller Erwerbstätigen auf die Wirtschaftssektoren (Primärer Sektor: Landwirtschaft etc.; Sekundärer Sektor: Produktion; Tertiärer Sektor: Dienstleistung). Seit etwa 1975 haben wir jedoch in allen Industrieländern, so auch in der Bundesrepublik, die **Dominanz des tertiären Sektors**, und das duale System tut sich schwer darin, für diesen Bereich adäquate Qualifikationsstrukturen anzubieten, vor allem in den sog. sekundären Dienstleistungen (also den nicht unmittelbar mit der Produktion verbundenen) und auch in den modernen Informations-, Kommunikations- und Medienberufen.

Letztlich haben dann der Kostendruck und die Globalisierung der Märkte dazu geführt, dass die Wirtschaft (bes. die Industrie) in den letzten Jahren ihre Ausbildungsbereitschaft stark reduziert hat, sodass wir einer **Ausbildungsquote** von etwa 50% entgegengehen (duales System). Das ist weltweit immer noch beachtlich, erfordert jedoch mehr und mehr komplementäre Maßnahmen des Staates.

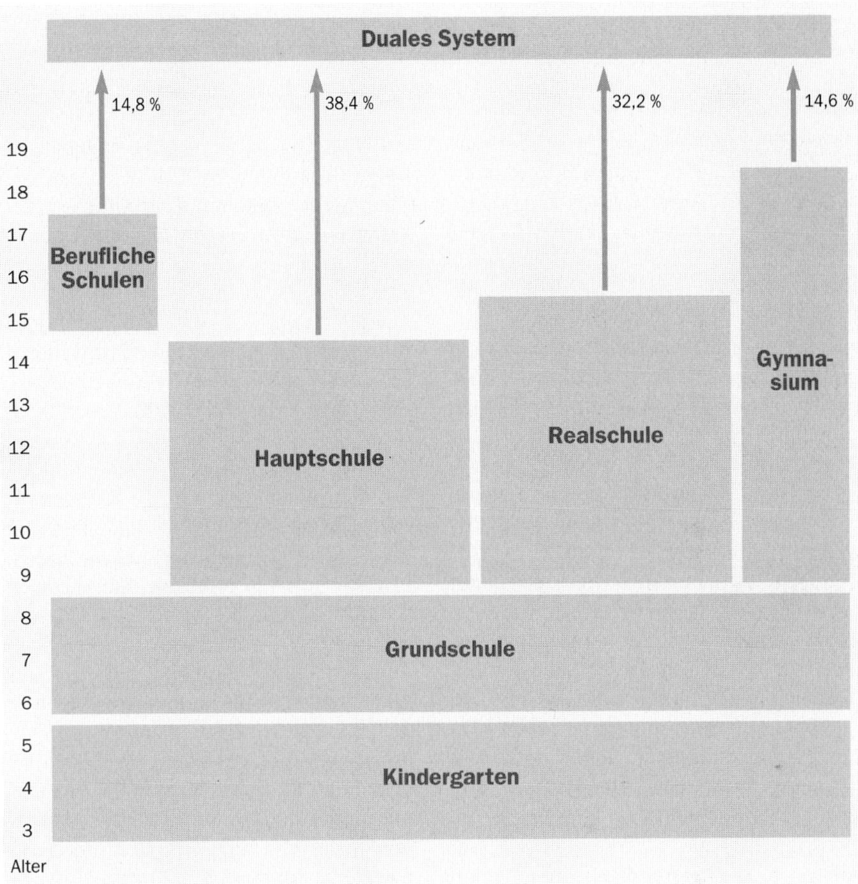

Lernfragen:

1. Was könnte getan werden oder müsste geschehen, um die Ausbildungsbereitschaft der Wirtschaft zu erhöhen?
2. Welche Faktoren beeinflussen generell die Ausbildungsbereitschaft von Betrieben?

Literaturhinweise:

ARNOLD, R./MÜNCH, J.: Fragen und Antworten zum Dualen System der deutschen Berufsausbildung. Hrsg.: BWFT. Bonn 1995.
GREINERT, W.-D.: Das „deutsche System" der Berufsausbildung. Geschichte, Organisation, Perspektiven. 2. Aufl. Baden-Baden 1995.
PÄTZOLD, G. (Hrsg.): Lernortkooperation. Impulse für die Zusammenarbeit in der beruflichen Bildung. Heidelberg 1990.
PÄTZOLD, G./WOLDEN, G. (Hrsg.): Lernorte im Dualen System der Berufsbildung. Berlin (BIBB) 1994.
SCHLAFFKE, W./WEISS, R. (Hrsg.): Das duale System der Berufsausbildung. Leistung, Qualität und Reformbedarf. Köln 1996.

53 Wer darf ausbilden, und was wird durch den Ausbildungsvertrag geregelt?

Das BBiG stellt besondere Anforderungen an Ausbildende („Betriebe") und Ausbilder; sie müssen nämlich bestimmte Eignungsmerkmale aufweisen. Auszubildende darf nur einstellen, wer persönlich und fachlich geeignet ist; ferner muss die Ausbildungsstätte geeignet sein.

In Bezug auf die **persönliche Eignung** legt das Gesetz fest: „Persönlich nicht geeignet ist insbesondere, wer 1. Kinder und Jugendliche nicht beschäftigen darf oder 2. wiederholt oder schwer gegen dieses Gesetz oder die auf Grund dieses Gesetzes erlassenen Vorschriften und Bestimmungen verstoßen hat" (§ 20,2).

Der erste Teil dieser Bestimmung zielt auf den § 25 des Jugendarbeitsschutzgesetzes, in dem zu dem angesprochenen Personenkreis konkrete Aussagen gemacht werden; insbesondere dann, wenn charakterliche, sittliche oder körperliche Gefährdungen des Jugendlichen zu erwarten sind, greift diese Bestimmung.

Bezüglich der **fachlichen Eignung** präzisiert das Gesetz: „Fachlich nicht geeignet ist, wer 1. die erforderlichen beruflichen Fertigkeiten oder Kenntnisse oder 2. die erforderlichen berufs- und arbeitspädagogischen Kenntnisse nicht besitzt". Während der Besitz der erforderlichen beruflichen Fertigkeiten und Kenntnisse in der Regel durch einschlägige Prüfungen (Abschlussprüfungen in einem Ausbildungsberuf, Hochschulprüfung etc.) nachgewiesen wird, gibt es für den Nachweis der erforderlichen berufs- und arbeitspädagogischen Kenntnisse unterschiedliche Möglichkeiten: Meisterprüfung; Prüfung gemäß **Ausbilder-Eignungsverordnung** (AEVO), zu deren Erlass der zuständige Bundesminister gemäß § 21 BBiG ermächtigt ist (die erste AEVO für die Ausbilder in der gewerblichen Wirtschaft stammt vom 20.4.1972); Befreiung auf Grund langjähriger Erfahrungen.

Auch die **Ausbildungsstätte** muss „nach Art und Einrichtung für die Berufsausbildung" geeignet sein; ferner muss „die Zahl der Auszubildenden in einem angemessenen Verhältnis zur Zahl der Ausbildungsplätze oder zur Zahl der beschäftigten Fachkräfte" stehen (§ 22,1 BBiG). Der Gesetzgeber hat in § 23 BBiG der zuständigen Stelle den Auftrag erteilt, darüber zu wachen, dass die persönliche und die fachliche Eignung sowie die Eignung der Ausbildungsstätte vorliegen. Lediglich dann, wenn in einer Ausbildungsstätte die erforderlichen Kenntnisse und Fertigkeiten nicht in vollem Umfang vermittelt werden können, kann dieser Mangel durch Ausbildungsmaßnahmen außerhalb der Ausbildungsstätte kompensiert werden (§ 22,2 BBiG). Eine solche Maßnahme kann in überbetrieblichen Bildungsstätten oder auch in anderen Betrieben im Rahmen des Ausbildungsverbundes stattfinden und ist im Übrigen im Ausbildungsvertrag festzuhalten (§ 4,1 Ziffer 3 BBIG).

Dieser Vertrag zwischen dem Ausbildenden und dem Auszubildenden (bei Minderjährigen zusätzlich der gesetzliche Vertreter) ist die **Rechtsgrundlage für ein Ausbildungsverhältnis** auf der Basis einer Ausbildungsordnung; denn Jugendliche dürfen nur in anerkannten Ausbildungsberufen ausgebildet werden (§ 28,2). In dem Vertrag müssen ferner neben der Nennung des Ausbildungsberufes (und damit der Anerkennung der entsprechenden Ausbildungsordnung) auch Beginn und Dauer der Berufsausbildung, Dauer der regelmäßigen täglichen Arbeitszeit, Dauer der Probezeit und der Vergütungsanspruch aufgeführt werden, um nur die wichtigsten Bestimmungen zu nennen.

Berufsbildungsgesetz
§ 4
Vertragsniederschrift

(1) Der Ausbildende hat unverzüglich nach Abschluss des Berufsbildungsvertrages, spätestens vor Beginn der Berufsausbildung, den wesentlichen Inhalt des Vertrages schriftlich niederzulegen. Die Niederschrift muß mindestens Angaben enthalten über

1. Art, sachliche und zeitliche Gliederung sowie Ziel der Berufsausbildung, insbesondere die Berufstätigkeit, für die ausgebildet werden soll,
2. Beginn und Dauer der Berufsausbildung,
3. Ausbildungsmaßnahmen außerhalb der Ausbildungsstätte,
4. Dauer der regelmäßigen täglichen Ausbildungszeit,
5. Dauer der Probezeit,
6. Zahlung und Höhe der Vergütung,
7. Dauer des Urlaubs,
8. Voraussetzungen, unter denen der Berufsausbildungsvertrag gekündigt werden kann.

(2) Die Niederschrift ist von dem Ausbildenden, dem Auszubildenden und dessen gesetzlichem Vertreter zu unterzeichnen.

(3) Der Ausbildende hat dem Auszubildenden und dessen gesetzlichem Vertreter eine Ausfertigung der unterzeichneten Niederschrift unverzüglich auszuhändigen.

(4) Bei Änderungen des Berufsausbildungsvertrages gelten die Absätze 1 bis 3 entsprechend.

Lernfragen:

1. Sind die Eignung des Personals und die Eignung der Ausbildungsstätte die einzigen Voraussetzungen für eine qualitätsvolle Berufsausbildung oder gibt es noch weitere?
2. Ist die nachlassende Ausbildungsbereitschaft der Betriebe vornehmlich diesen relativ strengen Eignungskriterien geschuldet oder gibt es noch weitere Ursachen?

Literaturhinweise:

ARNOLD, R./KRÄMER-STÜRZL, A.: Berufs- und Arbeitspädagogik. Berlin 1996 (bes. Kap. Rechtsgrundlagen).
DIHT: Rechtsratgeber Berufsbildung. 9. Aufl., Bonn 1988.
DIHT: Rechtsratgeber Weiterbildung. Bonn 1988.
HALBACH, G., u. a.: Übersicht über das Recht der Arbeit.
4. Aufl., Bonn 1991 (Bundesminister für Arbeit und Sozialordnung).
RICHTER, I.: Recht der Weiterbildung. Baden-Baden 1993.
WOHLGEMUTH, H. H./SARGE, K.: Berufsbildungsgesetz. Kommentar für die Praxis. Köln 1987.

54 Wodurch wird die Verteilung der Auszubildenden auf die Ausbildungsbereiche und die Ausbildungsberufe gesteuert?

Eine staatliche Steuerung im Sinne einer Berufslenkung (Steuerung nach wirtschaftlichem Bedarf oder politischen Prioritäten) gibt es bei uns nicht (in den ehemals sozialistischen Ländern hat es einen starken staatlichen Einfluss gegeben): Gemäß Grundgesetz ist bei uns die **Berufsfreiheit** garantiert (Art. 12 GG) und auf die Berufswahl junger Menschen oder auch von Erwachsenen wird staatlicherseits nur durch die Berufsberatung der Arbeitsverwaltung indirekt Einfluss genommen (§ 25 AFG). Und auch die Wirtschaft hat natürlich nicht die Möglichkeit, direkt Einfluss zu nehmen. Die Steuerung erfolgt vielmehr indirekt in einem sehr komplexen Gefüge von Einflussfaktoren.

Ökonomische Faktoren:
Die (nationale) wirtschaftliche Entwicklung und die zunehmende Globalisierung der Märkte haben in den letzten Jahren besonders starke Veränderungen auf dem Arbeitsmarkt zur Folge gehabt: Ganze Wirtschaftsbereiche sind verschwunden oder zur Bedeutungslosigkeit zusammengeschrumpft (z. B. Bergbau, Textilindustrie, Uhrenindustrie), ganze Berufsbereiche sind zusammengebrochen, andere sind neu entstanden (z. B. in den Bereichen der Informations- und Kommunikationstechniken).

Gesellschaftliche Faktoren:
Auch die unterschiedliche komparative Attraktivität der Ausbildungsmöglichkeiten (z. B. duales System versus Berufsfachschule) sowie das unterschiedliche Berufsprestige der verschiedenen Berufe prägen das Berufswahlverhalten. Offensichtlich wird jedoch die Berufswahl noch von weiteren Faktoren mit beeinflusst, denn sonst wäre die Reihenfolge der beliebtesten Ausbildungsberufe möglicherweise eine andere, ganz abgesehen von so genannten „Modeberufen", die ihre jeweilige Konjunktur haben.

Soziale Faktoren:
Hier sind in erster Linie die soziale Herkunft und die damit relativ stark einhergehende Schulbildung im Berufswahlverhalten wirksam. Die Familie vermittelt gewisse Identitätszugehörigkeiten, aus denen manche Jugendliche nur schwer herauskommen oder auch gar nicht heraus wollen. Und die Schulbildung ist insofern wirksam, als zwar formal alle Ausbildungsberufe für jeden Schulabschluss offen sind; faktisch selektieren jedoch manche Betriebe oder gar ganze Branchen (z. B. Banken, Versicherungen) die Bewerber nach Schulabschlüssen und bevorzugen Realschulabsolventen und Abiturienten. Auch informelle Gruppen, z. B. Freundes- oder Bekanntenkreis, beeinflusssen das Berufswahlverhalten.

Individuelle Faktoren:
Die „klassischen" Aspekte für das Berufswahlverhalten sind Eignung und Neigung. Es ist jedoch sehr schwer, die Eignung für bestimmte Berufe zu ermitteln, etwa in Eignungstests, zumal viele dieser Tests auf motorische Geschicklichkeit bezogen sind und diese Qualifikation heutzutage bei den meisten Berufen keine große Rolle mehr spielt. Deswegen schlägt die Neigung sehr stark durch.

Regionale Faktoren:
Natürlich ist das regionale Angebot an Ausbildungsplätzen und auch an Arbeitsplätzen sowohl quantitativ als auch qualitativ sehr unterschiedlich und entspricht nur selten der regionalen Nachfrage.

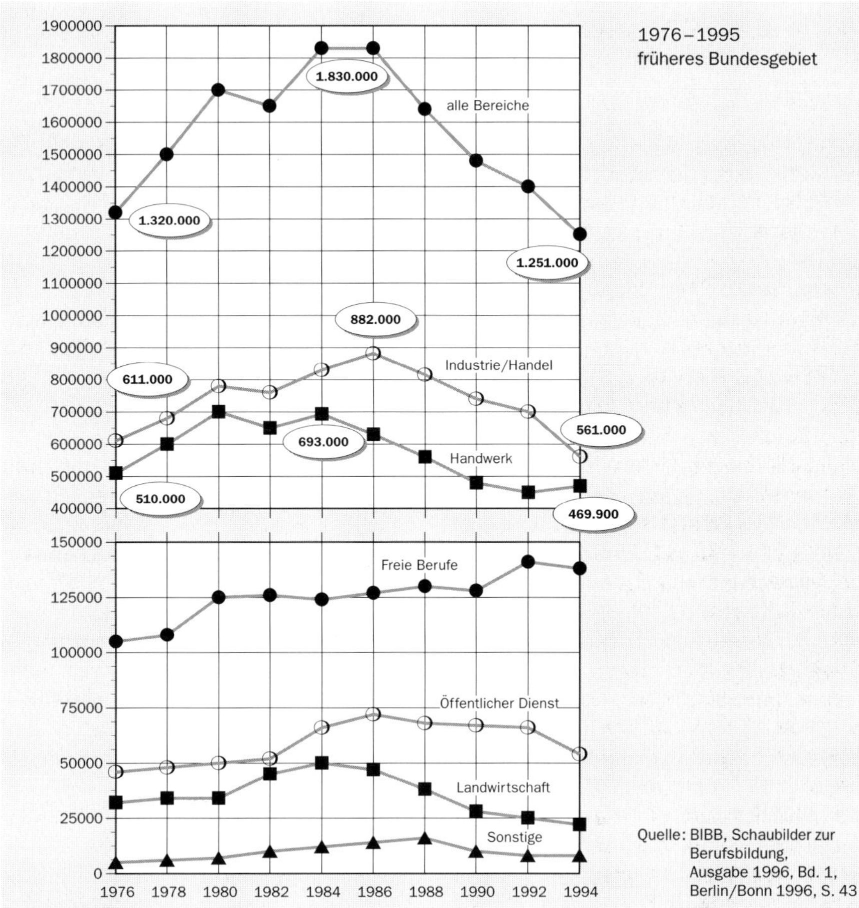

Quelle: BIBB, Schaubilder zur Berufsbildung, Ausgabe 1996, Bd. 1, Berlin/Bonn 1996, S. 43

Lernfragen:

1. Angesichts der Tatsache, dass in manchen Ausbildungsbereichen/-berufen viele Auszubildende nach Abschluss der Berufsausbildung nicht von den Betrieben übernommen werden: Sprächen nicht doch Argumente für eine gewisse Steuerung?
2. Wie beurteilen Sie die Annäherung der beiden Kurven „Industrie/Handel“ und „Handwerk“?

Literaturhinweise:

BUNDESANSTALT FÜR ARBEIT: Klassifizierung der Berufe (Stand: Dez. 1980). Nürnberg 1981.

HILLMERT, S.: Berufswahl, Jugend, Kultur. Regensburg 1996.

HOSSIEP, R.: Berufseignungsdiagnostische Entscheidungen zur Bewährung eignungsdiagnostischer Ansätze. Göttingen 1995.

SCHOBER, K./GAWRONEK, M. (Hrsg.): Berufswahl: Sozialisations- und Selektionsprozesse an der ersten Schwelle. Nürnberg 1997 (BeitrAB 202).

55 Gibt es zur dualen Berufsausbildung in der BRD Alternativen?

Wie schon dargelegt (Kap. 43) gibt es nach Abschluss der Sekundarstufe I und damit gleichzeitig mit Beendigung der Vollzeitschulpflicht (9 Jahre, in einigen Bundesländern 10 Jahre) zwei Grundmuster für die Organisation der Sekundarstufe II (übrigens ähnlich auch in vielen europäischen und außereuropäischen Ländern), nämlich gymnasiale Oberstufe und berufliches Schul- und Ausbildungswesen, das sich nach vier Idealtypen klassifizieren lässt (siehe Kap. 44).

Da nach Beendigung der Vollzeitschulpflicht gemäß den Schulgesetzen der Länder die Teilzeitschulpflicht gilt, müssen die Jugendlichen, die nicht die gymnasiale Oberstufe besuchen, zwangsläufig nach Alternativen suchen. Die Schulpflichtgesetze/-regelungen der Länder bestimmen nämlich (angesichts der Kulturhoheit der Länder mit kleinen Unterschieden), dass Jugendliche bis zur Vollendung des 18. Lebensjahres teilzeitschulpflichtig sind.

Die Betriebe (die Ausbildenden) haben gemäß § 7 BBiG und § 9 Jugendarbeitsschutzgesetz die Auszubildenden für den Besuch dieser Schule freizustellen. Diese Pflicht zum Besuch der Berufsschule besteht für jeden Jugendlichen, der vor Vollendung des 18. Lebensjahres einen Ausbildungsvertrag abschließt, und sie gilt dann auch über das 18. Lebensjahr hinaus bis zum Abschluss der Berufsausbildung; lediglich Jugendliche, die nach dem 18. Lebensjahr einen Ausbildungsvertrag abschließen, können freiwillig die Berufsschule besuchen (falls dort Kapazitäten vorhanden sind und der Arbeitgeber dieses Begehren unterstützt).

Alle anderen Jugendlichen, die nach Beendigung der Vollzeitschulpflicht weder ein allgemein bildendes oder ein berufliches Gymnasium oder auch eine Berufsschule besuchen noch eine Berufsausbildung absolvieren, können die Teilzeitschulpflicht bis zur Vollendung des 18. Lebensjahres durch den Besuch einer mindestens einjährigen Vollzeitschule ableisten. Die Hauptvarianten dieser Vollzeitschulen sind (siehe Abb.):

Berufsvorbereitungsjahr (BVJ):
Einjährig; bereitet Jugendliche, die noch nicht ausbildungsreif sind, auf die Berufsausbildung vor. Dieses Jahr ist nicht auf eine Berufsausbildung anrechenbar.

Berufsgrundbildungsjahr (BGJ):
Einjährig; nach 13 Berufsfeldern gegliedert; Organisation vollschulisch oder dual (überwiegend); wird in der Regel gemäß Anrechnungsverordnungen des Bundes auf die Berufsausbildung angerechnet.

Berufsfachschulen (BFS):
Ein-, zwei- oder dreijährige Vollzeitschulen; Besuch einer mindestens zweijährigen BFS wird in der Regel gemäß Anrechnungsverordnungen des Bundes auf die Berufsausbildung angerechnet. In der zweijährigen „höheren" BFS werden Assistentenberufe ausgebildet. Die dreijährige BFS hat zwei Varianten: Ausbildung in Ausbildungsberufen nach BBiG oder in so genannten „Schulberufen" nach Bundes- oder Landesrecht, vor allem in Gesundheits-, Pflege- und Sozialberufen.

Fachoberschule (FOS):
Zweijährig (nach einer Berufsausbildung einjährig); Ziel: Erwerb der Fachhochschulreife (FHR) zum Besuch der Fachhochschule.

Funktionen	Schulformen		VZ	dual	Prakt.	Voraussetz.
1. Vorbereitung auf Berufsausbildung	BVJ	– 1 j.	x			keine
2. Anrechnung auf Berufsausbildung	BGJ	– 1 j.	x	x		HA
	BFS	– 1 j.	x			
		– 2 j.	x			
3. Volle Berufsausbildung						
3.1 in Ausbildungsberufen nach BBiG	BFS	(– 2 j.)	x	x		HA
		– 3 j.	x		(x)	
3.2 in Schulberufen						
– nach Bundesrecht Gesundheitswesen	BFS	– 3 j.	x		x	
		(– 2 j.)	x		x	
		(– 1 j.)	x		x	
– nach Landesrecht (Gesundheitswesen, sozialpfleg. und sozialpäd. Berufe)	BFS	(1 – 4 j.)	x		x	
4. „Höhere" Berufsausbildung						
4.1 Assistentenausbildung (KMK-Vereinbarung)	BFS	– 2 j.	x			MBA
	BK	– 2 j.	x			
	(BK	– 3 j.)[1]		x		
4.2 Abiturientenausbildung						
4.2.1 Assistenten[2], Erzieher	BA[3]	– 2 j.		x	(x)	HR
4.2.2 Dipl. Ing. (BA)	BA	– 3 j.		x		
Dipl. Soz. Päd. (BA)	BA	– 3 j.		x		
Dipl. Betr. Wirt (VWA)	VWA	– 3 j.		x		
5. Erwerb/Nachholen von Bildungsabschlüssen						
5.1 Mittlerer Bildungsabschluss	BAS	– 1 j.	x			HA
5.2 Fachhochschulreife (FHR)	FOS, BK		x	(x)		MBA
5.3 Abitur (AHR bzw. fachgeb. HR)	BOS, B. Gymn.		x			MBA
6. Aufstiegsfortbildung						
6.1 Techniker, Betriebswirt etc.	FS	– 2 j.	x[4]			FR
6.2 Meister	FS	– 1 j.	x[4]			

[1] a) 3 j. BK gew.-I. (st. gepr. Kollegiat + Facharb.)
b) z. B. Ass. Mode + Design; Behörden- u. Betriebsassist.
[2] Ingenieurassistent; Wirtschaftsassistent
[3] auch: VWA, Kollegschule NW, Betriebe (IHK-Prüf.) etc.
[4] auch TZ (Teilzeit)

HA: Hauptschulabschluss MBA: Mittl. Bildungsabschluss
FR: Fachschulreife HR: Hochschulreife
VWA: Verwaltungs- u. Wirtschaftsakademie

Lernfragen:

1. Warum ist das BVJ nicht auf eine Berufsausbildung in Ausbildungsberufen nach BBiG anrechenbar?
2. Die Wirtschaft beschäftigt nicht ungern, zumindest in manchen Branchen, Absolventen der zweijährigen Berufsfachschule. Worin liegt die Attraktivität dieser Schule für die Wirtschaft begründet?

Literaturhinweise:

KMK-Rahmenvereinbarung über Berufsfachschulen, 27./28.2.1997.

KRAMER, W.: Alternative Ausbildungsmöglichkeiten für Hochschulzugangsberechtigte im Tertiären Bereich. Köln 1994.

KREBS, W. (Hrsg.): Aktuelle Aspekte der Technikerausbildung. Wetzlar 1990.

LIPSMEIER, A. in: Bundesanstalt für Arbeit: Handbuch zur Berufswahlvorbereitung. Ausg. 1992, Nürnberg 1992 Kap. III,4.

56 Wer finanziert die berufliche Aus- und Weiterbildung?

Die Finanzierungen der beruflichen Erstausbildung (BBiG, § 1,1: Berufsausbildung) und der beruflichen Weiterbildung (BBiG, § 1,2: berufliche Fortbildung) erfolgen nach völlig unterschiedlichen Modellen.

Bei der **Finanzierung der beruflichen Erstausbildung** muss nach den beiden Hauptmodellen (siehe Kap. 55) unterschieden werden: Wenn die Berufsausbildung ganz oder teilweise (Anrechnung) in **beruflichen Vollzeitschulen** (Berufsfachschulen) erfolgt, ist der Staat (das jeweilige Bundesland) allein für die Finanzierung verantwortlich. Das hindert den Staat natürlich auch bei einer Verknappung des Lehrstellenangebots daran, sich extensiv als Ersatzanbieter von Ausbildungsplätzen zu betätigen.

Komplizierter ist die **Finanzierung der Berufsausbildung im dualen System:** Die Betriebe tragen den größten Teil der Kosten, nämlich die Ausbildungsvergütungen für die Auszubildenden, die Personalkosten für die haupt- und nebenberuflichen Ausbilder sowie (indirekt) die Freistellungskosten (Besuch der Berufsschule, Teilnahme an der Zwischen- und Abschlussprüfung, Kosten für überbetriebliche Lehrgänge); außerdem zahlen sie die Ausbildungsmittel und die Sachkosten der Prüfungen sowie natürlich die Investitions- und laufenden Kosten von besonderen Einrichtungen (z. B. betrieblichen Ausbildungsstätten). Die Gegenrechnung mit Erträgen und sonstigem materiellen oder immateriellen Nutzen bleibt hier außer Betracht. Der Staat hingegen trägt die Kosten für die Lehrergehälter (außerdem hat er ja die Ausbildung der Berufsschullehrer weitgehend bezahlt); hierfür sind die Länder verantwortlich. Außerdem finanziert der Staat Bau (größtenteils finanziert durch die Länder) und Ausstattung sowie Unterhalt (laufende Kosten) der Berufsschulgebäude (Kommunen, Kreise etc. als Träger der Einrichtung). Die Finanzierung der überbetriebichen Ausbildungsstätten ist eine komplizierte Angelegenheit. Der Bau der Gebäude und die Ausstattungen sind größtenteils vom Bund und von den Ländern finanziert worden, die laufenden Kosten (also auch z. B. die Kosten für das haupt- und nebenberufliche Personal) sind Angelegenheit der Träger (zumeist Kammern), die ihrerseits wiederum von den Mitgliedern Beiträge erheben.

Viel komplizierter ist die **Finanzierung der beruflichen Weiterbildung**. Zunächst muss zwischen den drei Hauptvarianten,

- der betrieblichen Weiterbildung,
- der AFG-geförderten Weiterbildung und
- der individuellen Weiterbildung

unterschieden werden.

Die **betriebliche Weiterbildung**, also vor allem die Anpassungsfortbildung, wird nahezu vollständig von den Betrieben finanziert, während die (unmittelbaren) Kosten der **AFG-geförderten Weiterbildung**, deren Gesamtvolumen in den letzten Jahren auf Grund der Haushaltslage der Bundesanstalt für Arbeit permanent reduziert worden ist, von der öffentlichen Hand getragen werden.

Die **individuelle Weiterbildung**, also insbesondere die Aufstiegsfortbildung, wird in der Regel überwiegend von den Teilnehmern getragen, es sei denn, sie findet in Schulen statt (z. B. Technikerschulen). Außerdem gibt es seit dem 23.4.1996 zur (Mit-)Finanzierung das „Aufstiegsfortbildungsförderungsgesetz“ (AFBG), kurz: das „Meisterbafög“. Auf Sonderformen der Finanzierung kann hier nicht eingegangen werden.

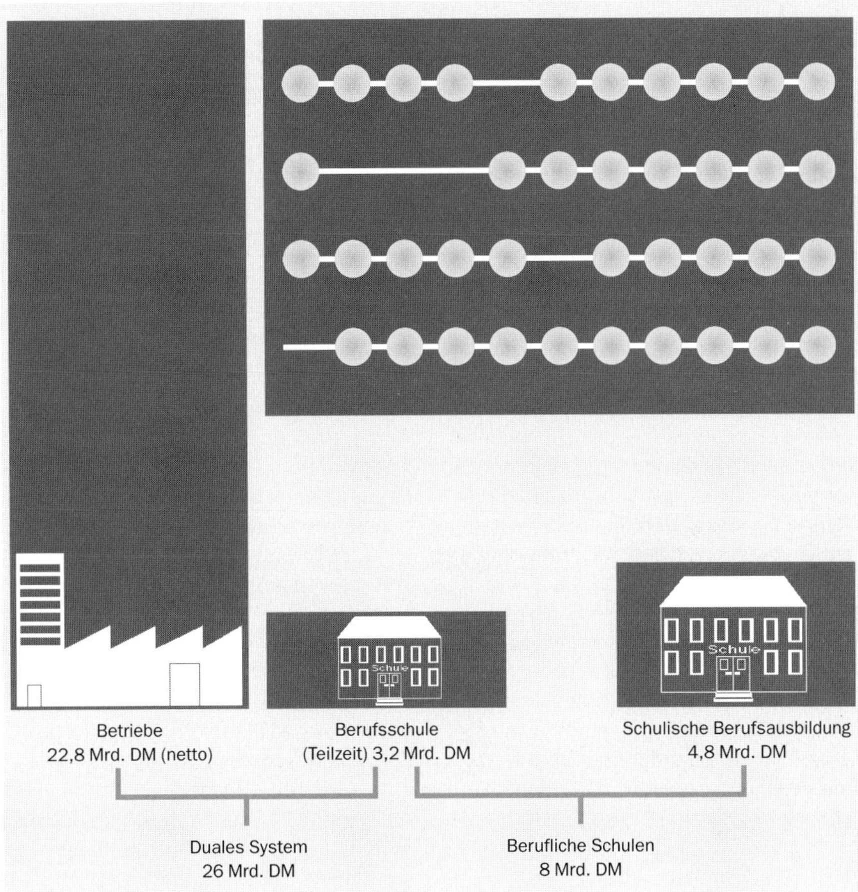

Lernfragen:

1. Früher mussten die Lehrlinge Lehrgeld zahlen, heutzutage bekommen sie (durchaus beachtliche) Ausbildungsvergütungen. Welche jeweilige „Philosophie" bzw. gesellschaftliche Situation steckt hinter diesen beiden Modellen?
2. Welche Effekte könnte ein Finanzierungsmodell für die berufliche Erstausbildung haben, das von allen Betrieben Beiträge/Abgaben erhebt und mit den so eingeworbenen Mitteln diejenigen Betriebe, die ausbilden, unterstützen würde?

Literaturhinweise:

BARDELEBEN, R. v., u. a.: Betriebliche Kosten und Nutzen der Ausbildung. Repräsentative Ergebnisse aus Industrie, Handel und Handwerk. Bielefeld 1995.

BARDELEBEN, R.v./BOLDER, A./HEID, H. (Hrsg.): Kosten und Nutzen beruflicher Bildung. Stuttgart 1996 (= Beiheft 12 zur ZBW).

MÜNCH, J.: Ökonomie betrieblicher Bidlungsarbeit. Qualität, Kosten, Evaluierung, Finanzierung. Berlin 1996.

57 Wie ist die berufliche Weiterbildung geregelt und strukturiert?

Trotz der Verwendung des Begriffs „Fortbildung“ im BBiG (§ 1; § 46) bevorzugte das BIBB schon recht früh den Begriff „Weiterbildung“, um den seitens des Instituts gesehenen Zusammenhang zwischen allgemeinem und beruflichem Lernen zu signalisieren, der nicht nur für die berufliche Erstausbildung, sondern auch für die „Fortsetzung oder Wiederaufnahme organisierten Lernens nach Abschluss einer unterschiedlich ausgedehnten ersten Bildungsphase“ (Deutscher Bildungsrat: Strukturplan für das Bildungswesen. Stuttgart 1970, S. 197) gelte. (Zur Problematik dieses Begriffs vergleiche Alt/Sauter/Tillmann 1994, S. 49, sowie Münk/Lipsmeier 1997, S. 69 f.)

Die dritte Weiterbildungsempfehlung der KMK vom 2.12.1994 ist insofern offener, als hier außer einer Erwerbstätigkeit auch eine Familientätigkeit als Zugangsmöglichkeit zur Weiterbildung genannt wird.

Das BBiG unterscheidet in § 1,3 vier Varianten der Fortbildung; sie diene dazu, die beruflichen Fertigkeiten und Kenntnisse

1. zu erhalten,
2. zu erweitern,
3. der technischen Entwicklung anzupassen (**Anpassungsfortbildung**) oder
4. beruflich aufzusteigen (**Aufstiegsfortbildung**).

Und die **berufliche Umschulung** „soll zu einer anderen beruflichen Tätigkeit befähigen“ (§ 1,4 BBiG).

Während die **Anpassungsfortbildung** überwiegend von Betrieben und betriebsnahen Einrichtungen (bes. Kammern mit ihren Bildungseinrichtungen) durchgeführt wird, von relativ kurzer Dauer ist (Kurzkurse von wenigen Tagen bis hin zu Maßnahmen von mehrwöchiger Dauer), für die Teilnehmer in der Regel kostenlos ist und überwiegend auch lediglich mit einem nur innerbetrieblich verwertbaren Zertifikat abschließt, findet die **Aufstiegsfortbildung** in der Regel außerbetrieblich statt (bei privaten oder staatlichen Trägern), erstreckt sich über einen längeren Zeitraum (bis zu 2 Jahre, z. B. Technikerschulen), ist größtenteils mit erheblichen Aufwendungen der Teilnehmer verbunden und endet mit einem (oft staatlich anerkannten) Zertifikat (z. B. Meisterbrief).

Diese Unterschiedlichkeit der beiden Hauptvarianten hängt auch stark mit dem Regelungsmechanismus zusammen, der durch das BBiG vorgegeben ist. Nach § 46,1 BBiG ist es nämlich den zuständigen Stellen im Bereich der beruflichen Fortbildung im Unterschied zur beruflichen Erstausbildung gestattet, nicht nur Prüfungen durchzuführen, sondern auch „den Inhalt, das Ziel, die Anforderungen, das Verfahren dieser Prüfungen (und) die Zulassungsvoraussetzungen“ zu regeln.

Aber auch der Bundesminister für „Bildung und Wissenschaft“ ist gemäß BBiG § 46,2 befugt, Rechtsverordnungen zur beruflichen Fortbildung zu schaffen, ein Recht, von dem er nur sehr sparsam Gebrauch gemacht hat (bis 1996: 17 Regelungen), und zwar im Wesentlichen für die Aufstiegsfortbildung. Der völlig unterschiedliche Umfang der Regelungstätigkeit dieser beiden Instanzen hängt damit zusammen, dass es zwischen der Arbeitgeber- und der Arbeitnehmerseite in dieser Grundsatzfrage einen schon lange schwelenden Dissens gibt, der sich an den jeweiligen Positionen zu Markt/Wettbewerb, Pluralität und Subsidiarität festmachen lässt (vgl. Münk/Lipsmeier 1997, S. 5 ff.) und der erst am 20. Dezember 1996 in einem gemeinsamen Strategiepapier einigermaßen beigelegt worden ist.

Gliederung der Weiterbildung – Begriffspyramide

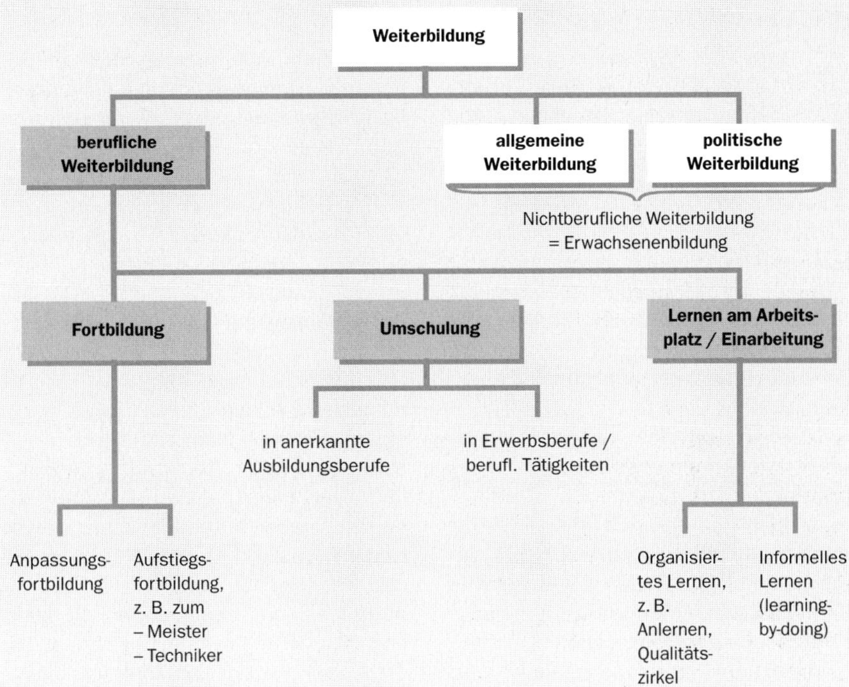

Lernfragen:

1. Welches sind die Vorteile einer arbeitsplatznahen Weiterbildung im Vergleich zu außerbetrieblichen Maßnahmen und gibt es auch Nachteile?
2. Welche Gründe sprechen in der beruflichen Weiterbildung für einen Anbieter- bzw. Trägerpluralismus?
3. Welche Argumente sprechen für Kammerregelungen gemäß § 46,1 und welche für Bundesregelungen gemäß § 46,2 BBiG?

Literaturhinweise:

ALT, Chr./SAUTER, E./TILLMANN, H.: Berufliche Weiterbildung in Deutschland. Strukturen und Entwicklungen. Berlin (BIBB) 1994.

BMBF (Hrsg.): Berichtssystem Weiterbildung VI. Integrierter Gesamtbericht zur Weiterbildungssituation in Deutschland. Bonn 1996.

JAGENLAUF, M./SCHULZ, M./WOLGAST, G. (Hrsg.): Weiterbildung als quartärer Bereich. Bestand und Perspektive nach 25 Jahren. Neuwied 1995.

LIPSMEIER, A.: Berufliche Weiterbildung. Theorieansätze. Strukturen. Qualifizierungsstrategien. Perspektiven. Frankfurt 1991.

MÜNK, D./LIPSMEIER, A.: Berufliche Weiterbildung. Hohengehren 1997.

58 Welche sozialen Faktoren bestimmen die Weiterbildungsteilnahme bzw. -abstinenz?

Besonders der Weiterbildung wurde in den letzten Jahrzehnten die gesellschaftliche Funktion zugewiesen, einen „Ausgleich für versagte oder versäumte Bildungschancen" zu schaffen (KMK-Empfehlungen zur Erwachsenenbildung vom 4.3.1971), sicherlich auch in der Einsicht, dass viele Menschen in jungen Jahren die Tragweite von Bildungsgangentscheidungen für berufliche Karrierewege noch nicht voll durchblicken und deswegen Korrekturmöglichkeiten angeboten bekommen müssen.

Für das Angebot von Korrekturmöglichkeiten existieren grundsätzlich drei Alternativen:

Zum einen gibt es **nach Abschluss der Vollzeitschulpflicht** (9 bzw. 10 Jahre) verschiedene Möglichkeiten, allgemeine Bildungsabschlüsse nachzuholen:

- **Hauptschulabschluss** durch eine abgeschlossene Berufsausbildung (Abschlusszeugnis der Berufsschule) oder durch den Besuch einer Berufsfachschule/Abendhauptschule;
- **Realschulabschluss:** Abgeschlossene Berufsausbildung (Mindestnote: befriedigend, 5 Jahre Unterricht in einer Fremdsprache; KMK-Rahmenvereinbarung von 9/95); Abendrealschule; Abschluss 2-jährige Berufsfachschule;
- **Fachhochschulreife:** Abschluss der Fachoberschule (in Baden-Württemberg 1-jähriges Berufskolleg); Abschluss der Technikerschule (Fachschule); Berufskolleg;
- **Abitur:** Institut zur Erlangung der Hochschulreife (Kolleg); Abendgymnasium; Berufsoberschule (Berufsausbildung plus 2 Jahre Schule).

Zum anderen, und das ist eigentlich die weiterbildungsspezifische Alternative, kann man bestimmten **Zertifikaten der beruflichen Aufstiegsfortbildung**, evtl. verbunden mit bestimmten Auflagen (z. B. bezüglich des Fremdsprachenunterrichts), allgemeine Berechtigung verleihen.

Und zum Dritten kann man, wie das in den letzten Jahren vermehrt geschehen ist, einer **Berufstätigkeit** (z. B. auf einem bestimmten Kompetenzniveau wie Techniker oder Meister) eine (individuelle) **Studienberechtigung** zuschreiben, evtl. verbunden mit bestimmten Auflagen (z. B. Brückenkurse) oder gebunden an bestimmte Voraussetzungen (Beratungsgespräch, Probestudium etc.).

Doch trotz aller Reparatur-, Korrektur- und Nachholmaßnahmen: Das Weiterbildungsverhalten wird entscheidend von soziodemographischen Merkmalen wie Geschlechtszugehörigkeit, Alter, Bildungsabschluss (und damit soziale Herkunft) und berufliche Position beeinflusst und die berufliche Position ihrerseits korreliert sehr stark mit der formalen beruflichen Qualifikation: Je höher die berufliche Qualifikation/Position, desto höher ist die Weiterbildungsteilnahme (Vorbildungs-Weiterbildungssyndrom; vgl. Münk/Lipsmeier 1997, S. 103 f.). Dieser auch als **Weiterbildungszirkel** bezeichnete Prozess wirkt de facto als offenbar langfristig stabiler Mechanismus zur sozialen Selektion, dem auch mit noch so gut gemeinten Konzeptionen wie „lebenslanges Lernen" (lifelong education; UNESCO) oder „alternierende Aus- und Weiterbildung" (Europäische Union; OECD: recurrent education) ebenso wenig entscheidend beizukommen ist wie mit Konzepten und Programmen des **Bildungsurlaubs** (Freistellung von Arbeitnehmern an 5 Tagen pro Jahr für die Teilnahme an beruflicher und politischer, teilweise auch an allgemeiner Weiterbildung).

Soziale Faktoren der Weiterbildungsteilnahme

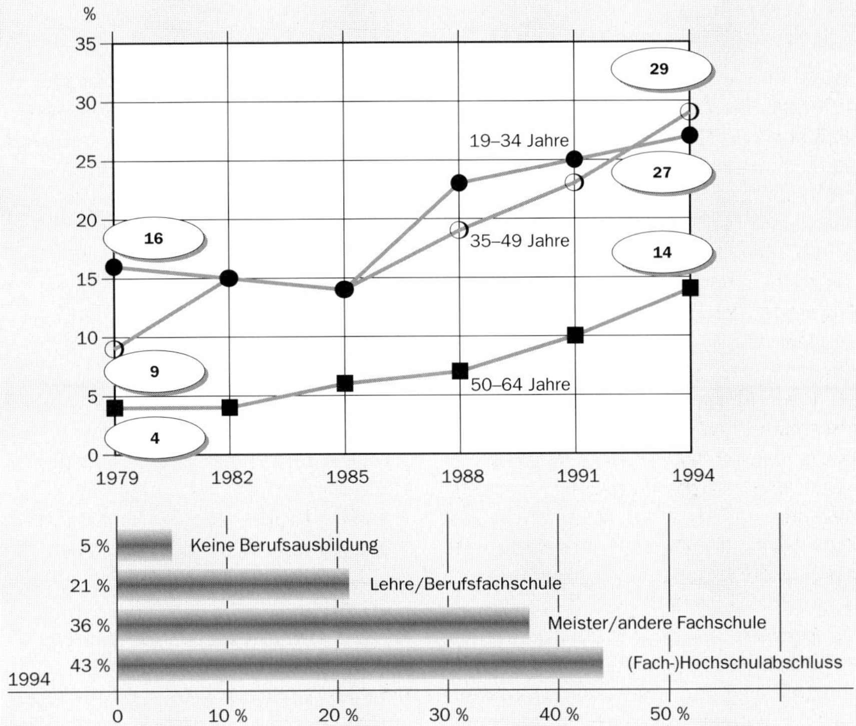

(Quelle: BIBB: Schaubilder zur Berufsbildung, Ausg. 1996, Bd.2, Berlin/Bonn 1996, S. 21 und S. 27)

Lernfragen:

1. Was könnte/müsste man tun, um die Weiterbildungsteilnahme unterprivilegierter Gruppen zu verbessern?
2. Erreicht man durch Zulassung von Technikern/Meistern/Fachwirten die Gleichwertigkeit von beruflicher und allgemeiner Bildung?

Literaturhinweise:

BMBF (Hrsg.): Berichtssystem Weiterbildung VI. Integrierter Gesamtbericht zur Weiterbildungssituation. Bonn 1996.

KOMMISSION DER EUROPÄISCHEN GEMEINSCHAFTEN (Hrsg.): Weißbuch zur allgemeinen und beruflichen Bildung. Auf dem Weg zur kognitiven Gesellschaft. Luxemburg 1996.

KROLLZIK, H.: Jugendliche und junge Arbeitnehmer im Bildungsurlaub. Bochum 1992.

WEISS, R.: Betriebliche Weiterbildung. Ergebnisse der Weiterbildungserhebung der Wirtschaft. Köln 1994.

59 Welche Möglichkeiten gibt es zur Verbesserung der Berufsausbildung für Benachteiligte?

Seit Mitte der 60er-Jahre wird das gesellschaftspolitische **Postulat der Chancengleichheit** im Bildungswesen nicht nur stark diskutiert (Deutscher Bildungsrat; BLK), sondern es werden vermehrt Maßnahmen eingeleitet, um nicht nur die gemäß Grundgesetz garantierte formale Chancengleichheit (Art. 2: Recht auf freie Entfaltung der Persönlichkeit für jeden), sondern auch die **materiale Chancengleichheit** zu sichern, womit die reale Durchsetzbarkeit dieses Prinzips gemeint ist.
Die Ursachen für Benachteiligungen liegen sowohl im individuellen Bereich (z.B. Veranlagung, Sprache) als auch im gesellschaftlichen Bereich (Vorurteile, regional unterschiedliche Angebote etc.).

Lernbeeinträchtigte: Jugendliche, die auf Grund des Grades ihrer Beeinträchtigung nicht zu den Lernbehinderten (werden in Sondereinrichtungen beschult/ausgebildet) zählen, aber besonderer Förderung bedürfen; oft ist mit der Lernbeeinträchtigung auch eine Verhaltensstörung (vor allem im sozialen Bereich) verbunden. Folgende Maßnahmen kommen in Frage, um für diese Personengruppe den Beginn einer Berufsausbildung und den erfolgreichen Durchlauf zu ermöglichen:

- BVJ/BGJ (siehe Kap. 55); Förderung gem. § 40 c AFG (berufsvorbereitende Maßnahmen);
- Stützunterricht/Förderunterricht; Ausbildungszeitverlängerung (§ 9,3 BBiG); besondere Ausbildungsmaterialien;
- besondere Ausbildungsberufe (ordnungspolitische Differenzierung), etwa nach dem Modell der Stufenausbildung (siehe Kap. 50); Modularisierung der Berufsausbildung.

Mädchen: Sowohl das System der Erwachsenenberufe als auch das System der Ausbildungsberufe sind in unseren Kulturkreisen ganz wesentlich für das männliche Geschlecht konzipiert worden. Von daher haben es Mädchen und Frauen bis heute schwerer als Jungen/Männer, adäquate Ausbildungs- und Arbeitsplätze zu finden. Maßnahmen zur Verbesserung:

- Informationen über Berufs- und Arbeitswelt schon in der Schule (Arbeitslehre); Berufsberatung;
- Förderprogramme (z. B. Mädchen in Männerberufen);
- Anreize für Betriebe zur Schaffung entsprechender Ausbildungs- und Arbeitsplätze.

Behinderte: Diejenigen Menschen, die auf Grund von (nicht nur vorübergehenden) körperlichen, geistigen oder seelischen Funktionsbeeinträchtigungen nicht die Regeleinrichtungen/-maßnahmen (Schule, Berufsausbildung) durchlaufen können, müssen Sonderangebote bekommen wie: Sonderschule; Behindertenausbildung gemäß § 48 BBiG in Berufsbildungswerken; Werkstätten für Behinderte.

Ausländische Jugendliche: Die etwa 300.000 ausländischen Jugendlichen (zwischen 15 und 18 Jahren) sind nach wie vor in der Berufsausbildung unterrepräsentiert und in der Berufsausbildung wählen sie zumeist weniger attraktive Berufe (sicherlich auch durch das Angebotsverhalten der Betriebe bedingt). Maßnahmen: Beratung von Jugendlichen, Eltern und Betrieben; sprachliche Förderung; kulturvergleichende Informationen für Ausbilder und Berufsschullehrer.

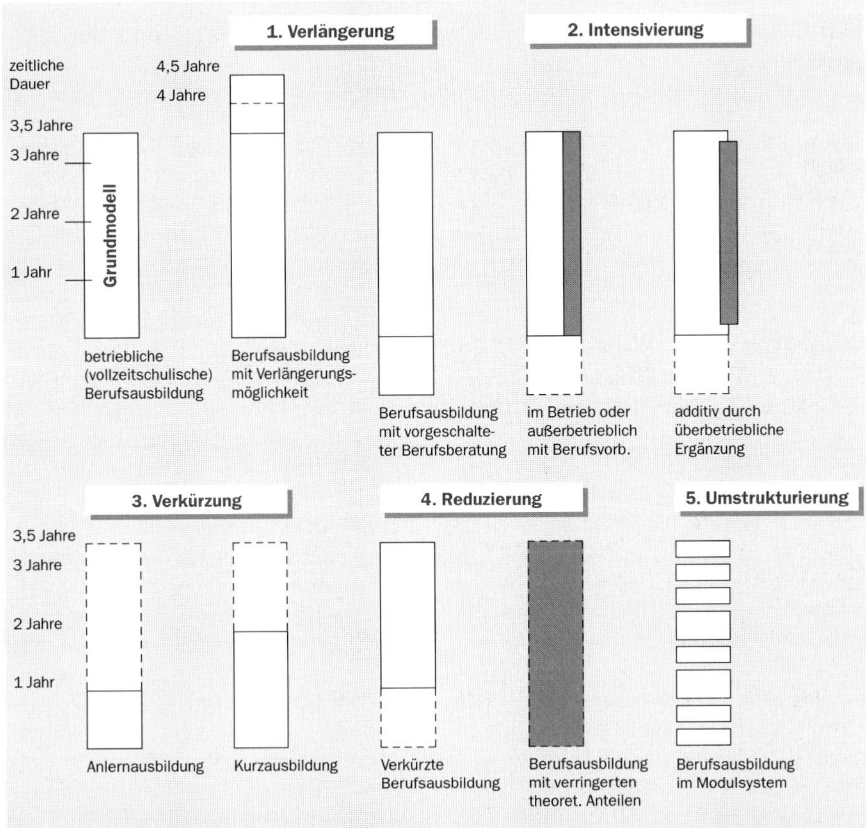

Quelle: Strikker, F.: Benachteiligte im Berufsbildungssystem – Strukturen, Ursachen, künftige Entwicklung und Maßnahmen – Gutachten für die Enquete-Kommission „Zukünftige Bildungspolitik – Bildung 2000" des 11. Deutschen Bundestages, Bonn 1991

Lernfragen:

1. Welche Probleme sind mit der Konzeptionierung besonderer Ausbildungsberufe für Lernbeeinträchtigte verbunden?
2. Was beeinflusst Mädchen in ihrem Berufswahlverhalten? Ist es nur die Angebotsseite (Ausbildungsmarkt), oder sind auch subjektive Faktoren wirksam?

Literaturhinweise:

BEER-KERN, D.: Lern- und Integrationsprozess ausländischer Jugendlicher in der Berufsausbildung. Berlin (BIBB) 1994.

BMBW: Ausbildung für alle. Förderkonzepte für benachteiligte Mädchen und junge Frauen. Bonn 1993.

HERRMANN, H.: Ausländische Jugendliche in Schule, Ausbildung und Beruf. Köln 1993.

PUHLMANN, A. (Hrsg.): Junge Erwachsene ohne Berufsausbildung. Lebenslagen, Berufsorientierung und neue Qualifizierungsansätze. Bielefeld 1994.

RÜTZEL, J.: Randgruppen in der beruflichen Bildung. In: Handbuch der Berufsbildung. Hrsg. von Arnold/Lipsmeier, Opladen 1995, S. 109–120.

SCHWEIKERT, K.: Ausländische Jugendliche in der Berufsausbildung. Strukturen und Trends ausländischer Jugendlicher in Deutschland. Berlin (BIBB) 1994.

60 Von welchem Personal wird die Berufsbildung gesteuert und durchgeführt?

Das komplexe berufliche Bildungswesen bedarf zur Planung, Durchführung, Erfolgskontrolle (Prüfungswesen) und Überwachung eines sehr differenzierten Kaders haupt- und nebenberuflichen Personals.

Planungspersonal: Die berufliche Bildung wird im Wesentlichen geplant in Ministerien (Bund, Länder: Beamte unterschiedlicher Vorbildung und unterschiedlicher Dienstgrade), im Bundesinstitut für Berufsbildung („Forscher"; wissenschaftl. Angestellte) und seinen Fachausschüssen (Experten der beruflichen Praxis, zumeist aus Betrieben und von Gewerkschaften), in Ausschüssen bei der KMK und den Kultusministerien (Ministerialbeamte; Lehrer des beruflichen Schulwesens in den Lehrplanausschüssen), in Ausschüssen auf Landesebene (Experten der Praxis und aus Ministerien) und bei den zuständigen Stellen (Sozialpartner, Lehrer).

Prüfungspersonal: Für die Prüfungen in den beruflichen Schulen sind die Lehrer zuständig (die Prüfungsordnungen werden in der Ministerialverwaltung gemacht), die Prüfungen bei den zuständigen Stellen werden von den Prüfungsausschüssen gemäß BBiG, § 36 ff. (Beauftragte der Arbeitgeber und der Arbeitnehmer, mindestens ein Lehrer) abgenommen. In der beruflichen Erstausbildung sind die Prüfungsanforderungen bundeseinheitlich vorgegeben (§ 25,2, Ziff. 5), die Ausschüsse regeln das Prüfungsverfahren etc.; in der beruflichen Fortbildung hingegen können die zuständigen Stellen gemäß § 46,1 auch den Inhalt der Prüfungen festlegen.

Überwachungspersonal: Für die Überwachung der betrieblichen Berufsausbildung ist gemäß § 45 BBiG die zuständige Stelle verantwortlich; sie hat zu diesem Zweck, aber auch zur Beratung der Ausbildenden und der Auszubildenden, Ausbildungsberater zu bestellen (die Berufsberatung erfolgt gemäß AFG durch die Arbeitsverwaltung). Die Überwachung der schulischen Berufsausbildung geschieht durch die Bildungsverwaltung (Regierungspräsidien, Oberschulämter etc.).

Durchführungspersonal: In der beruflichen Erstausbildung ist vor allem folgendes Personal tätig:

- **Berufsschule/sonstige berufliche Schulen:** Lehrer (Gewerbelehrer, Handelslehrer etc.), Lehrer für Fachpraxis; die ersteren haben eine akademische Ausbildung/Universitätsabschluss (Erstes Staatsexamen oder Diplom) und die Zweite Staatsprüfung nach einem zweijährigen Referendariat abgelegt; die zweite Gruppe hat, zumeist nach einer Techniker-, Meister- oder ähnlichen Qualifikation, in der Regel eine Institutsausbildung durchlaufen.
- **Betrieb:** Ausbilder, haupt- oder nebenberuflich, mit Ausbildereignung gemäß § 20 BBiG oder mit Meisterprüfung (oder auch mit Befreiung vom Nachweis gemäß § 7 Ausbildereignungsverordnung); sonstige Fachkräfte.
- **Überbetriebliche Bildungsstätte:** Ausbilder, Meister, teilweise auch Lehrer, Sozialarbeiter und sonstige Fachkräfte.

In der beruflichen **Fortbildung** ist das Personal äußerst heterogen angesichts der Strukturen in diesem Bereich: Experten/Fachkräfte unterschiedlichster Vorbildung, Ausbilder, Lehrer etc.

Berufsausbildung wird getragen von

Mitgliedern von Ausschüssen	Mitarbeitern in Institutionen	Betrieblichem Ausbildungspersonal	Schulischem Ausbildungspersonal	Personal überbetrieblicher Ausbildungsstätten	Sonstigen
• Berufsbildungsausschuss • Prüfungsausschuss • Schlichtungsausschuss • Ausbilderarbeitskreis •	• Geschäftsführer der zust. Stellen • Sachbearbeiter der zust. Stellen • Ausbildungsberater der zust. Stellen • Berufsberater (Arbeitsamt) •	• Ausbildender • Ausbildungsleiter • Ausbilder • Meister • Nebenamtliche Ausbilder • Fachkräfte •	• Schulleiter • Berufschullehrer • Lehrer für Fachpraxis •	• Fachleiter • Ausbilder • Sozialarbeiter •	• Dozenten der Weiterbildung •

Lernfragen:

1. In manchen europäischen Ländern finden wir eine vertikal strukturierte „Berufsschullehrerschaft": Institutsausbildung für die einfachen Formen der Berufsausbildung, Hochschulausbildung für die höheren beruflichen Vollzeitschulen. Welche Argumente sprechen dafür, welche dagegen?
2. Berufsschullehrer (Theorielehrer) und Lehrer für Fachpraxis arbeiten in vielen Bereichen des beruflichen Schulwesens zusammen. In welchen Schulformen braucht man beide Lehrer?

Literaturhinweise:

BAUSCH, T.: Die Ausbilder im dualen System der Berufsbildung. Bielefeld 1997.

BONZ, B./Sommer K.-H./Weber, G. (Hrsg.): Lehrer für berufliche Schulen. Esslingen 1992.

BONZ, B.(Hrsg.): Lehrerbildung für berufliche Schulen. Alsbach 1992.

BONZ, B.: Lehrer und Lehrerinnen für berufliche Schulen. Die Entwicklung der Lehrerbildung in Südwestdeutschland nach 1945. Stuttgart 1995.

LIPSMEIER; A.: Der neue Diplom-Gewerbelehrer in Baden-Württemberg. In: Die Berufsbildende Schule, 43. Jg. (1991, H. 7/8, S. 423–440).